세종대왕의 생각실험실

: 훈민정음

세종대왕의 생각실험실

: 훈민정음

송은영 지음 | 오승만 그림

해나무

머리말

산소는 매우 소중해요. 산소가 없으면, 우리는 단 한순간도 살아 갈 수가 없어요. 우리가 숨을 쉴 수 있는 것이 다 산소의 덕분이에 요.

우리나라 사람들에게 산소와 같은 것이 있다면, 그것이 무엇일 까요?

저는 훈민정음이 아닐까 싶어요.

훈민정음이 없으면, 우리나라는 단 한순간도 제대로 돌아갈 수 가 없어요. 스마트폰으로 문자를 보내고, 컴퓨터에서 문서를 작성 하고, 전자메일을 보내고, 신문과 잡지를 찍어 내고, 책을 읽고 글 을 쓸 수 있는 것이 다 훈민정음의 덕분이니까요.

그래요, 훈민정음은 우리나라 사람들에게 더없이 소중해요. 대 한민국 자체라고 해도 지나치지 않을 거예요.

그런 만큼 훈민정음의 창제 과정을, 창제자인 세종대왕과 함께 생각해 보는 것은 참으로 뜻 깊은 일일 거예요.

세종대왕은 ㄱ, ㄴ, ㄷ, ㄹ, ㅁ, ㅂ, ㅅ, ㅇ, ㅈ, ㅊ, ㅋ, ㅌ, ㅍ,

ㅎ을 어떻게 창제했을까?

세종대왕은 ㅏ, ㅑ, ㅓ, ㅕ, ㅗ, ㅛ, ㅜ, ㅠ, ㅡ, ㅣ를 어떻게 창제했을까?

이는 대한민국의 국민이라면 누구나 한 번쯤은 생각하고 고민해 봤을 질문이에요. 이에 대한 답이 이 책에 알차게 담겨 있어요.

저는 훈민정음의 창제 과정을 생각실험으로 한 조각 한 조각 끼워 맞춰 나가면서, 세종대왕의 천재성에 그만 감탄하고 또 감탄하고야 말았어요. 그 값진 감탄의 경험을 여러분과 함께 나누고 싶어요.

송은영

차례

머리말 • 4

01. 세종대왕이 기본 글자를 만들었어요
우리나라 최고의 발명품은 무엇일까? • 12
소리를 글자로 나타내는 방법은? • 15
세종대왕이 ㄱ, ㄴ, ㅁ, ㅅ, ㅇ을 만들었어요 • 18
다섯 개의 기본 글자 • 25

02. 거센 글자를 만들었어요
ㄱ, ㄴ, ㅁ, ㅅ, ㅇ보다 거센 글자 • 28
일(一)과 이(二)의 차이는? • 33
획이 중요한 것이로구나 • 36
ㄱ보다 거센 글자를 만들었어요 • 39
ㄴ보다 거센 글자를 만들었어요 • 43
ㅅ보다 거센 글자를 만들었어요 46
ㅇ보다 거센 글자를 만들었어요 • 48
ㅁ보다 거센 글자를 만들었어요 • 52
1차 가획으로 만든 글자들 • 56

03. 더 거센 글자를 만들었어요

ㄹ, ㅊ, ㅌ, ㅍ, ㅎ을 만들어야 해요 • 60
획을 더하면 어떻게 될까? • 62
ㄷ보다 거센 글자를 만들었어요 • 64
ㅈ보다 거센 글자를 만들었어요 • 67
ㆆ보다 거센 글자를 만들었어요 • 70
ㅂ보다 거센 글자를 만들었어요 • 74
ㅋ보다 거센 글자는 만들지 않았어요 • 78
ㄹ은 다르게 만들었어요 • 82
세종대왕이 자음을 완성했어요 • 88
그림으로 보는 훈민정음 ① • 90

04. 하늘과 땅과 사람이에요

자음만으로는 부족하구나 • 94
하늘과 땅과 사람으로 • 97
하늘을 본뜬 글자 • 101
땅을 본뜬 글자 • 104
사람을 본뜬 글자 • 107
천지인 글자의 탄생 • 110

05. 으뜸을 가려 보았어요

셋 중에 무엇이 으뜸일까? • 114
하늘이 으뜸이에요 • 118
자연의 이치가 글자 속으로 • 123
하늘이 으뜸, 다음은 땅, 그다음은 사람 • 125

06. 글자가 어우러지려면

·, ㅡ, ㅣ를 기본 글자로 삼아 • 128
ㅗ 모양의 글자를 만들었어요 • 130
ㅏ 모양의 글자를 만들었어요 • 135
ㅜ 모양의 글자를 만들었어요 • 142
ㅓ 모양의 글자를 만들었어요 • 146
ㅗ, ㅏ, ㅜ, ㅓ를 만들었어요 • 149

07. 사람을 더해 보았어요

ㅑ, ㅕ, ㅛ, ㅠ를 만들어야 해요 • 152
사람을 겸해서 만든 글자 • 154
ㅛ 모양의 글자를 만들었어요 • 156
ㅑ 모양의 글자를 만들었어요 • 162
ㅠ 모양의 글자를 만들었어요 • 167
ㅕ 모양의 글자를 만들었어요 • 172
세종대왕이 모음을 완성했어요 • 176
그림으로 보는 훈민정음 ② • 180

참고 문헌 • 182

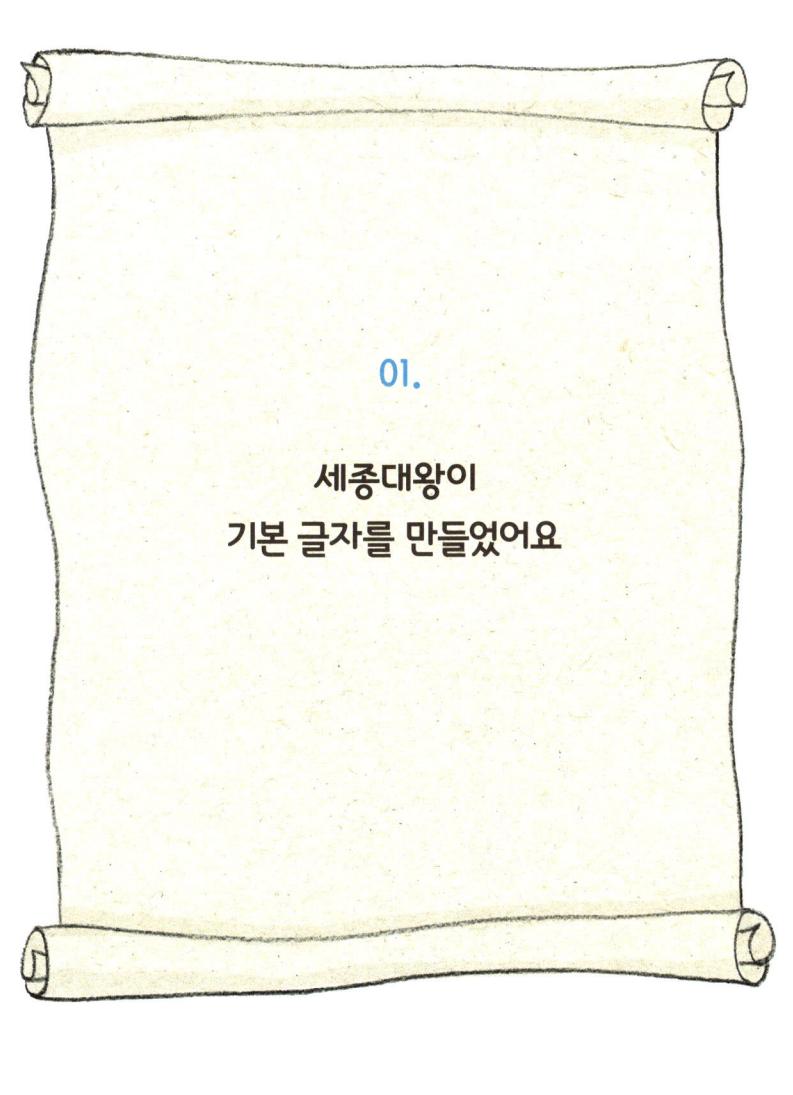

01.

세종대왕이
기본 글자를 만들었어요

우리나라 최고의 발명품은 무엇일까요?

어린이 여러분, 질문 하나 할게요.

"우리나라 역사에서 최고의 발명품은 무엇일까요?"

측우기라고 답하는 친구도 있고, 거북선이라고 답하는 친구도 보이고, 금속활자라고 답하는 친구도 있네요.

측우기, 거북선, 금속활자는 분명 우리나라가 전 세계에 자긍심 있게 자랑하고 내놓을 만한 가슴 뿌듯한 발명품들이에요.

하지만 우리나라의 역사에서 단 하나만 꼽으라고 할 때 '최고의 발명품'에는 들어가지 않아요. 아니, 들어갈 수가 없어요. 왜냐하면 최고의 발명품은 이것들과는 비교할 수도 없을 만큼 훌륭하기 때문이에요.

그것은 다름 아닌 훈민정음이에요. 우리나라 사람들이 매일매일 말하고 읽고 쓰면서 사용하고 있는 훈민정음 말이에요.

훈민정음을 누가 만들었나요?

그래요, 세종대왕이에요.

세종대왕은 훈민정음을 어느 한순간에 반짝 하고 만든 것이 아니에요. 훈민정음은 오랜 세월 동안 깊이 궁리하고 고민하고 상상한 끝에 만들어진 것이에요. 그래서 훈민정음 속에는 세종대왕의 기가 막힌 생각들이 알차게 들어 있어요. 이제부터 그 생각들을 알아보려 해요. 어린이 여러분, 출발 준비되었나요? 좋아요, 그럼 출발할게요.

소리를 글자로 나타내는 방법은?

세종대왕은 훈민정음의 여러 글자 가운데 우선 ㄱ, ㄴ, ㅁ, ㅅ, ㅇ이라는 다섯 글자를 먼저 만들었어요.

세종대왕이 이 다섯 글자를 어떻게 만들었을지 궁금하지 않나요? 자, 세종대왕의 머릿속으로 들어가 봐요.

소리는 어디에서 나올까?
그래, 목구멍 속에서부터 나온다.
그 소리가 목구멍을 타고 올라와서
입 안을 지나고 입 밖으로 나오는 것이다.

소리가 만들어져서 나오는 목구멍과 입 속, 그리고 입을 '발음기관'이라고 해요. 세종대왕의 생각을 따라가 봐요.

그렇구나! 소리는 발음기관과 연관이 깊구나!
이것은 소리와 발음기관이 떼려야 뗄 수 없는 사이라는 뜻이다.

세종대왕은 여기까지 생각한 다음에 소리를 글자로 나타내는 방법을 궁리했어요. 세종대왕의 머릿속으로 다시 들어가 봐요.

소리를 어떻게 나타내는 게 좋을까?
소리와 발음기관이 깊은 관계라면?
그래, 발음기관의 모양을 본뜨는 거야.
그래서 그 모양으로 글자를 만드는 거야.

세종대왕이 여러 가지 소리를 상상해요. 폭포 소리, 개울 소리, 닭 소리, 모기 소리, 비바람 소리, 낙엽 떨어지는 소리 등등 떠올릴 수 있는 거의 모든 소리를요. 그러고 나서 세종대왕은 생각해요.

소리는 거센 소리도 있고, 약한 소리도 있다.
또한 굵은 소리도 있고, 가는 소리도 있다.
왜 소리에 이런 차이가 나는 걸까?
입을 오므리느냐 아니냐,
혀를 많이 움직이느냐 아니냐,
목구멍이 좁아지느냐 아니냐에 따라서 소리는 달라진다.
그래, 소리는 입과 혀와 목구멍의 모양이
어떤 모양을 하느냐에 따라서 달라지는구나!

세종대왕은 소리를 변하게 하는 발음기관을 다섯 가지로 나누었어요. 혀와 목구멍, 잇몸과 입, 그리고 이(치아)로요.

발음기관 : 혀, 목구멍, 잇몸, 입, 이

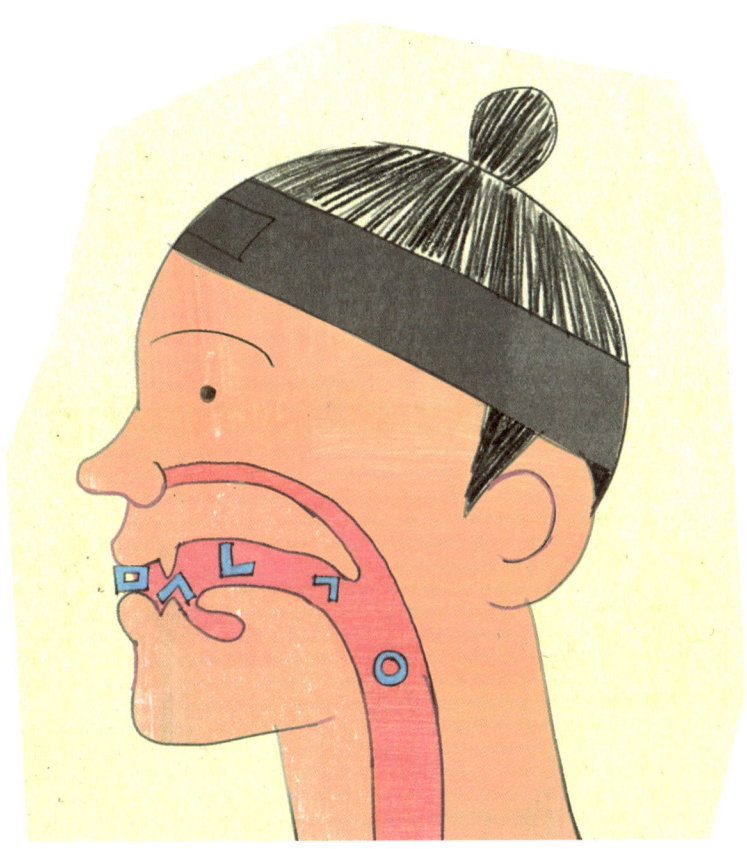

세종대왕이 ㄱ, ㄴ, ㅁ, ㅅ, ㅇ을 만들었어요

　세종대왕은 혀와 목구멍과 잇몸과 입과 이를 상상하면서 소리가 어떻게 달라지는지 곰곰이 생각해 봤어요.

　　목구멍이 막힐 때와 그렇지 않을 때 소리는 달라진다.
　　입 안에서 목구멍을 자유자재로 막을 수 있는 것으로 혀가 있다.
　　그렇다.
　　목구멍 쪽으로 닿아 있는 혀의 뿌리가
　　목구멍을 막을 수 있는 것이다.
　　이 모양은 ㄱ과 비슷한 모양이다.

　이렇게 해서 우리가 '기역'이라고 부르는 글자 ㄱ이 탄생하게 됐어요. ㄱ은 세종대왕이 먼저 창제한 다섯 글자 중에서도 제일 빨리 만든 글자이지요. 세종대왕은 ㄱ을 아음이라고 불렀어요. 우리말로는 어금닛소리라고 해요.
　세종대왕의 다음 생각은 무엇이었을까요?

혀는 윗잇몸에 닿을 수 있다.
혀가 이렇게 되느냐 안 되느냐에 따라서 소리가 달라진다.
그러니 이 모양을 본떠서 글자를 만드는 게 좋겠다.
이때의 혀 모양은 ㄴ과 비슷하다.

이렇게 해서 우리가 '니은'이라고 부르는 글자 ㄴ이 만들어졌어요. ㄴ은 세종대왕이 창제한 두 번째 글자예요. 세종대왕은 ㄴ을 설음이라고 불렀어요. 우리말로는 혓소리라고 해요.

세종대왕이 이번에는 어떤 글자를 생각했을까요?

소리는 입을 통해서 밖으로 나온다.
입을 다무느냐 벌리느냐에 따라서 소리는 달라진다.
입 모양이 소리를 결정하는 것이다.
입 모양은 입을 어떻게 벌리고 오므리느냐에 따라서
여러 가지 형태가 가능하다.
사각형에 가까운 모양이 될 수도 있고,
원에 가까운 모양이 될 수도 있다.
이 중에서 사각형 모양을 택하겠다.
그래서 입의 모양은 네모난 ㅁ과 비슷해진다.

이렇게 해서 우리가 '미음'이라고 부르는 글자 ㅁ이 만들어지게 됐어요. 세종대왕은 ㅁ을 순음이라고 불렀어요. 우리말로는 입술소리라고 해요.

그런데 여기서 이상한 점을 발견하지 못했나요? 우리가 알고 있는 한글은 ㄱ 다음에 ㄴ이 오고, 그다음에 ㄷ이 와요. 그렇다면 ㄴ 다음에 ㄷ이 와야 하는데, 세종대왕은 그렇게 하지 않고 ㅁ을 세 번째 글자로 택했어요.

왜 그랬을까요? 이유는 ㄷ이 세종대왕이 정한 기본 글자에 속하지 않지만, ㅁ은 기본 글자에 들어가기 때문이에요. 이에 대한 설명은 뒤에 나오는 글(ㄴ보다 거센 글자를 만들었어요)에 나와 있어요.

그리고 또 이런 궁금증은 들지 않았나요?

"왜 세종대왕은 입 모양을 생각하면서 원이 아니라, 사각형을 택한 걸까?"

그래요, 세종대왕은 입 모양을 보면서 원을 택할 수도 있었어요. 우리가 볼 때, 입 모양은 네모보다는 동그라미에 더 가까워요. 그런데도 세종대왕이 입 모양에서 네모를 선택한 데에는 다 그럴 만한 까닭이 있어서예요. 세종대왕은 원을 다른 모양에서 써야 했기 때문에 여기에서는 네모를 택한 건데요, 이에 대한 자세한 설명은 곧 나올 목구멍소리 이야기에 담겨 있어요.

세종대왕은 또 어떤 생각을 했을까요?

소리가 입 밖으로 나오기 전에 반드시 거치는 곳이 있다.
그것은 이(齒)이다.
목구멍에서 올라온 소리가 이에 닿지 않으면
알아듣기 어려운 소리가 된다.
이가 빠진 사람이 말하는 소리를
알아듣기 쉽지 않다는 데서 이를 금방 알 수 있다.
소리를 내는 데 이가 그만큼 중요하다는 뜻이다.

이를 옆에서 보면 쐐기 모양이다.

이것은 ㅅ과 비슷한 모양이다.

이렇게 해서 우리가 '시옷'이라고 부르는 글자 ㅅ이 만들어지게 됐어요. 세종대왕은 ㅅ을 치음이라고 불렀어요. 우리말로는 잇소리라고 해요.

세종대왕의 머릿속으로 다시 들어가 봐요.

이제 목구멍이 남았다.

입이 있고, 혀가 있고, 이가 있고, 잇몸이 있어도

목구멍이 없으면 소리는 생길 수가 없다.

소리가 목구멍을 타고 올라오기 때문이다.

그만큼 목구멍은 소리를 내는 데 없어서는 안 된다.

따라서 글자를 만드는 데

목구멍의 모양을 빼놓아서는 절대로 안 될 것이다.

목구멍을 좁히거나 넓혀서 사각형에 가깝게 할 수도 있지만

아무리 그렇게 한다고 해도

목구멍의 모양은 동그랗다고 보는 게 합당하다.

그래서 입의 모양을 동그라미가 아닌 네모로 정한 것이다.

목구멍의 모양은 ㅇ과 비슷하다.

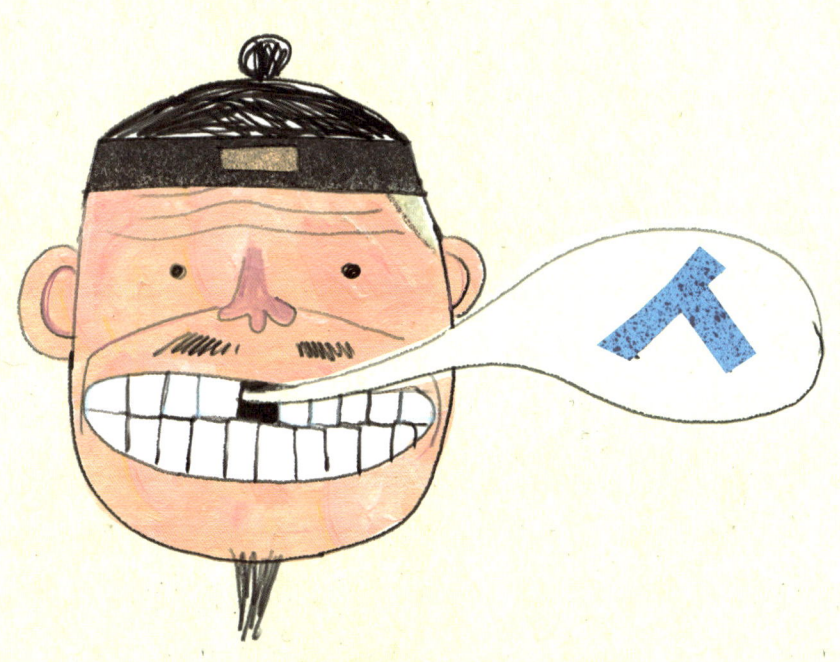

이렇게 해서 우리가 '이응'이라고 부르는 글자 ㅇ이 만들어지게 됐어요. 세종대왕은 ㅇ을 후음이라고 불렀어요. 우리말로는 목구멍소리라고 해요.

세종대왕이 입 모양을 보고 동그라미를 택하지 않은 이유를 이젠 알겠죠? 목구멍소리에서 ㅇ을 만들려고 했기 때문이지요.

다섯 개의 기본 글자

세종대왕은 발음기관의 모양을 본떠서 기본 글자 다섯 개를 만들어 냈어요. 이것의 모양과 이름을 정리해 보면 다음과 같아요.

글자	오늘날의 소리 이름	세종대왕이 지은 소리 이름
ㄱ	어금닛소리	아음
ㄴ	혓소리	설음
ㅁ	입술소리	순음
ㅅ	잇소리	치음
ㅇ	목구멍소리	후음

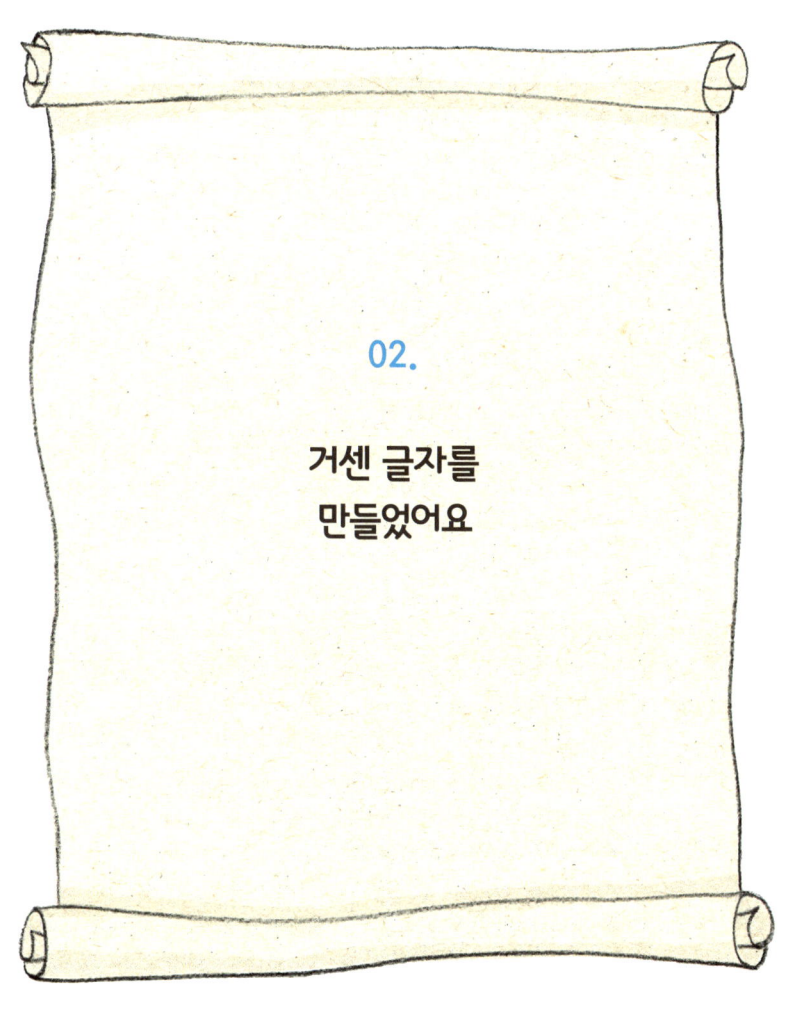

02.

**거센 글자를
만들었어요**

ㄱ, ㄴ, ㅁ, ㅅ, ㅇ보다 거센 글자

　세종대왕은 사람의 발음기관을 본떠서 ㄱ, ㄴ, ㅁ, ㅅ, ㅇ이라는 기본 다섯 글자를 만들었어요. 세종대왕이 훈민정음 글자를 만든 것을 훈민정음을 '창제'했다고 말해요. 그러니까 세종대왕은 훈민정음의 여러 글자 중에서 ㄱ, ㄴ, ㅁ, ㅅ, ㅇ을 가장 먼저 창제한 거예요.

　세종대왕이 먼저 창제한 이 기본 다섯 글자를 자음이라고 해요. 즉 ㄱ, ㄴ, ㅁ, ㅅ, ㅇ은 자음인 것이에요. 그런데 요즘 우리가 알고 있고 사용하고 있는 자음에는 이 기본 다섯 글자 말고 더 있어요.

　자음을 한 번 써 볼게요.

　ㄱ, ㄴ, ㄷ, ㄹ, ㅁ, ㅂ, ㅅ, ㅇ, ㅈ, ㅊ, ㅋ, ㅌ, ㅍ, ㅎ

　자음이 열네 글자나 되네요.

　세종대왕이 다섯 글자를 만들었으니, 아직 아홉 글자가 덜 만들어진 셈이에요.

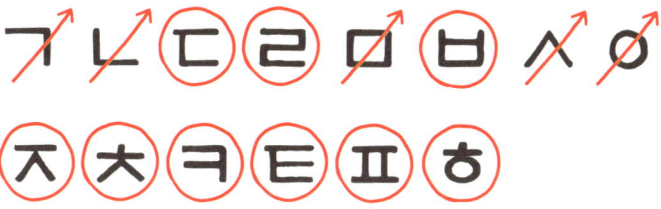

아직 덜 만들어진 아홉 글자 : ㄷ, ㄹ, ㅂ, ㅈ, ㅊ, ㅋ, ㅌ, ㅍ, ㅎ

이 아홉 글자는 그럼 누가 만들었을까요? 물론 이 글자들 또한 세종대왕이 만들었어요. 세종대왕이 이 아홉 글자를 어떻게 만들었을지 궁금하지 않나요? 자, 세종대왕의 생각 속으로 들어가 봐요.

세상에 힘이 센 사람만 있는 것은 아니다.

그렇다고 해서 힘이 약한 사람만 있는 것도 아니다.

힘이 센 사람이 있으면, 약한 사람도 있다.

이것이 세상의 이치다.

소리도 이와 달라서는 안 된다.

왜냐하면 사람이 이 세상에 속해 있는 것처럼

소리도 이 세상에 속해 있기 때문이다.

거센 소리가 있으면, 약한 소리가 있는 것이다.

이것이 세상의 바른 이치다.

힘이 약한 사람이 힘이 강해지려면 어떻게 하면 될까?

그렇다, 힘을 합치면 된다.

소리도 마찬가지이다.

약한 소리를 더해 주면 거센 소리가 된다.

한 사람이 소리를 지를 때보다

여러 사람이 합쳐서 동시에 소리를 지르면

거센 소리가 나오지 않는가.

어금닛소리, 혓소리, 입술소리, 잇소리, 목구멍소리에

소리를 더하면 이보다 거센

어금닛소리, 혓소리, 입술소리, 잇소리, 목구멍소리가 될 것이다.

이 소리를 글자로 어떻게 표현하는 게 좋을까?

세종대왕은 어금닛소리인 ㄱ보다 거센 어금닛소리, 혓소리인 ㄴ보다 거센 혓소리, 입술소리인 ㅁ보다 거센 입술소리, 잇소리인 ㅅ보다 거센 잇소리, 목구멍소리인 ㅇ보다 거센 목구멍소리를 표현하기에 적당한 글자가 무엇인지를 고민하기 시작했어요.

일(一)과 이(二)의 차이는?

세종대왕이 생각해요.

글자는 어떻게 이루어질까?
그래, 한자를 분석해 보자.

　세종대왕이 한자를 떠올린 것은 다음과 같은 이유 때문이에요. 옛날 시대에 사용한 글자 중에서 한자는 일찍 발명된 글자였어요. 유럽을 서양이라 하고, 우리나라와 중국과 일본을 동양이라고 하죠. 동양의 국가들은 옛날부터 중국에서 발명한 한자를 들여와서 글을 쓰고 책을 제작했어요. 우리나라에서는 고구려, 백제, 신라로 나뉘었던 삼국시대부터 한자로 글을 적고 읽었지요. 이러한 전통은 세종대왕이 살던 조선시대에도 그대로 이어졌어요. 한자 없이는 글을 쓸 수도 책을 읽을 수도 없었지요. 한자는 그만큼 중요했어요. 그래서 글자라고 하면 한자가 바로 떠오를 수밖에 없었던 거예요.

세종대왕의 생각을 따라가 봐요.

한자에서 가장 쉬운 글자가 뭘까?
한 일(一) 자이다.
다음으로 쉬운 글자는 두 이(二) 자이다.
그다음은 석 삼(三) 자이다.
여기서 보면, 한 일(一) 자는 한 번 그어서 만들어진 글자다.
두 이(二) 자는 두 번 그어서 만들어진 글자다.
석 삼(三) 자는 세 번 그어서 만들어진 글자다.
그렇구나.
한 일(一) 자와 두 이(二) 자와 석 삼(三) 자의 차이는
몇 번 그었느냐이구나!

한자에서 긋는 것을 획(畫)이라고 해요. 한 번 그으면 1획, 두 번 그으면 2획, 세 번 그으면 3획이 되는 것이에요.

한자는 획을 몇 번 그었느냐에 따라서 분류할 수가 있어요. 한자 사전에서 모르는 글자를 찾을 때 획의 개수로 찾곤 하지요.

세종대왕의 생각을 또 따라가 봐요.

한 일(一) 자는 1획의 글자이고

두 이(二) 자는 2획의 글자이고
석 삼(三) 자는 3획의 글자이다.
그렇구나! 획이구나!
하늘 천(天) 자도 그렇고, 땅 지(地) 자도 그렇고
모든 한자는 다 획으로 이루어지는구나!

세종대왕은 글자를 만드는 데 획이 중요하다는 사실을 알았어요.

획이 중요한 것이로구나

중요한 사실을 알아내었으면, 그것을 이용할 줄 알아야 해요. 그냥 알기만 하고 응용할 줄 모르면, 새롭고 멋진 발명은 탄생하지 않을 거예요.

세종대왕이 글자를 만드는 데 획이 중요하다는 사실을 밝혀 냈으니, 이것을 어떻게든 이용해야 할 거예요. 그래야만 훌륭한 글자를 만들어 낼 수가 있을 테니까요. 세종대왕의 생각을 들여다볼게요.

글자를 만드는 데 획은 매우 중요하다.
획을 어떻게든 이용해야 하는데, 어떤 방법이 좋을까?
한 일(一) 자와 두 이(二) 자와 석 삼(三) 자를
다시 생각해 보자.
한 일(一) 자는 가장 단순한 글자다.
이 글자에 획을 하나 더하면, 두 이(二) 자가 된다.
두 이(二) 자는 한 일(一) 자보다 복잡하다.
왜 이렇게 됐는가?

그렇다. 단순한 한 일(一) 자에 획을 하나 더하니
그보다 복잡한 두 이(二) 자가 된 것이다.
그럼 석 삼(三) 자는?
석 삼(三) 자는 두 이(二) 자보다 복잡한 글자다.
두 이(二) 자에 획을 하나 더해서 만든 글자이기 때문이다.
그렇구나! 획이 많아질수록 복잡한 글자가 되는구나!

그래요, 단순한 글자와 복잡한 글자의 차이는 획이었어요. 획이 적으면 단순한 글자가 되고, 획이 많으면 복잡한 글자가 되는 것이었어요.

세종대왕이 생각을 이어가요.

나는 ㄱ, ㄴ, ㅁ, ㅅ, ㅇ이라는 기본 글자를 만들었다.
기본 글자이니 가장 단순하다.
이 글자보다 더 쉬운 글자는 없는 것이다.
그렇다면 새로운 글자들은 이보다 복잡한 글자이어야 한다.
새로운 글자는 ㄱ, ㄴ, ㅁ, ㅅ, ㅇ이라는 기본 글자처럼
발음기관을 본떠서 만들 필요가 없다.
왜냐하면 단순한 글자에 획을 더하면
복잡한 새로운 글자가 만들어지기 때문이다.

따라서 ㄱ, ㄴ, ㅁ, ㅅ, ㅇ이라는 기본 다섯 글자에 획을 더하자. 그러면 이보다 복잡한 새로운 글자가 만들어질 것이다.

그래요, 기본 글자에서 새로운 글자를 만들어 내는 원리는 획을 더하는 것에 있었어요. 이를 '가획의 원리'라고 해요. 가획에서 '가'는 한자로 더할 가(加) 자를 써요. 그래서 가획(加畫)이란 '획을 더한다'는 뜻이 되는 거예요. 그리고 '가획의 원리'는 획을 더해서 새롭고 복잡한 글자를 만들어 내는 원리가 되는 것이지요.

ㄱ보다 거센 글자를 만들었어요

세종대왕이 가획의 원리를 알아냈어요. 세종대왕은 가획의 원리를 어떻게 적용해서 새로운 글자를 만들었을까요?

세종대왕이 생각해요.

ㄱ, ㄴ, ㅁ, ㅅ, ㅇ이라는 기본 다섯 글자에 획을 더하자.
하지만 아무렇게나 더할 수는 없다.
획을 더하는 데에도 규칙이 있어야 한다.
그래야 새롭게 만들 글자와
기본 다섯 글자가 어우러질 수가 있다.
그 규칙이란?
그래, ㄱ, ㄴ, ㅁ, ㅅ, ㅇ이라는 글자의 모양에서
크게 벗어나지 않도록 획을 더해야 한다.
그렇지 않고 모양이 크게 바뀐다면
새로운 글자는 ㄱ, ㄴ, ㅁ, ㅅ, ㅇ이라는 글자에서
나왔다고 말하기 어려울 것이다.

그래요. 새롭게 만들 자음은 기본 다섯 글자인 ㄱ, ㄴ, ㅁ, ㅅ, ㅇ의 모양과 비슷해야 한다는 것이 세종대왕의 생각이었어요.

세종대왕의 생각으로 다시 들어가 봐요.

어금닛소리인 ㄱ에 획을 더하자.
획은 하나만 더하자.
그래야 ㄱ 다음으로 약간 복잡하고 어려운
새 글자가 만들어질 테니까.
ㄱ 모양의 어디에 획을 붙여야
ㄱ과 모양이 크게 달라지지 않을까?

세종대왕은 가장 적당한 모양의 새로운 글자를 찾기 위해, 획을 일일이 붙여 가며 조금은 복잡해진 여러 모양의 글자를 머릿속으로 그려 보았을 거예요. 그리고 붓을 들어 종이에 정성스럽게 써 보기도 했을 거예요. 예를 들면 획을 ㄱ의 위에 붙여 보기도 하고, 아래에 붙여 보기도 하고, 옆에 붙여 보기도 했을 거예요.

ㄱ의 위에 붙인 모양

ㄱ의 옆에 붙인 모양

ㄱ의 아래에 붙인 모양

 어린이 여러분 같으면 이 중에서 어느 글자를 고르겠어요? 세종대왕은 ㄱ의 옆에 획을 붙인 글자를 선택했어요. 이것은 ㅋ 모양이에요. 이 글자를 우리는 '키읔'이라고 불러요.
 이렇게 해서 어금닛소리인 ㄱ보다 복잡하고 거센 어금닛소리인 ㅋ이 만들어졌어요.

ㄴ보다 거센 글자를 만들었어요

세종대왕이 생각해요.

혓소리인 ㄴ보다 복잡한 새로운 혓소리를 만들려면
ㄴ에 획을 더해야 한다.
ㄴ의 어디에 획을 더하는 게 좋을까?
위가 좋을까, 아래가 좋을까, 옆이 좋을까?

세종대왕은 ㄴ에 획을 붙이는 다양한 가짓수를 상상해 보았을 거예요. 그리고 그것을 종이에 붓으로 써 보곤 했을 거예요. ㄴ의 위에 획을 그은 모양의 글자, 아래에 획을 그은 모양의 글자, 옆에 획을 그은 모양의 글자를요.

ㄴ의 위에 붙인 모양

ㄴ의 아래에 붙인 모양

ㄴ의 옆에 붙인 모양

　이 여러 개의 글자들 중에서, 어린이 여러분이라면 어느 것을 선택하겠어요? 세종대왕은 ㄴ의 위쪽에 획을 더한 글자를 골랐어요. 이것은 ㄷ 모양이에요. 이 글자를 우리는 '디귿'이라고 불러요.
　이렇게 해서 혓소리인 ㄴ보다 복잡하고 거센 혓소리인 ㄷ이 만들어졌어요.
　우리는 앞에서 세종대왕이 왜 기본 글자의 순서를 정하는데, 세 번째 글자로 ㄷ을 선택하지 않았는지 궁금해했어요. 이젠 그 이유를 알겠지요? ㄷ은 기본 글자인 ㄴ으로부터 나온 글자이기 때문에, ㄷ을 세 번째 기본 글자에 넣을 수가 없었던 것이에요.

ㅅ보다 거센 글자를 만들었어요

세종대왕의 생각을 계속 따라가 볼게요.

 잇소리인 ㅅ보다 복잡한 잇소리를 만들려면
 ㅅ에 획을 더해야 한다.
 ㅅ의 어느 쪽에 획을 붙이는 게 좋을까?
 위로 붙일까, 아래로 붙일까, 옆으로 붙일까?

세종대왕은 ㅅ에 획을 붙이는 여러 가짓수를 상상해 보았을 거예요. 그리고 그것을 붓에 먹을 찍어서 종이에 한 글자 한 글자 반듯하게 그려 보곤 했을 거예요. ㅅ의 위에 획을 그어서 만들어지는 글자, 아래에 획을 그어서 만들어지는 글자, 옆에 획을 그어서 만들어지는 글자를요.

ㅅ의 위에 획을 붙인 모양

ㅅ의 아래에 획을 붙인 모양

ㅅ의 중간에 획을 붙인 모양

ㅅ의 옆에 획을 붙인 모양

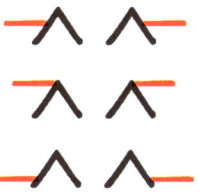

　세종대왕은 이 글자 중에서 어느 것을 택했나요? 그래요, ㅅ의 위에 획을 붙인 모양의 글자를 선택했어요. 여러분의 선택도 세종대왕과 같은가요? 세종대왕이 선택한 글자는 ㅈ 모양이에요. 이 글자를 우리는 '지읒'이라고 불러요.

　이렇게 해서 잇소리인 ㅅ보다 복잡하고 거센 잇소리인 ㅈ이 만들어졌어요.

ㅇ보다 거센 글자를 만들었어요

세종대왕의 생각을 계속 들여다볼까요?

목구멍소리인 ㅇ보다 복잡한 목구멍소리를 만들려면
ㅇ에 획을 더해야 한다.
ㅇ의 어느 부분에 획을 더하는 것이 알맞을까?
위쪽이 알맞을까, 아래쪽이 알맞을까, 옆쪽이 알맞을까?

세종대왕은 ㅇ에 획을 붙일 수 있는 여러 글자들을 머릿속으로 상상해 보았을 거예요. 그리고 그 글자들을 붓으로 종이에 한 글자 한 글자 정성스럽게 또박또박 써 보곤 했을 거예요. ㅇ의 위쪽에 획을 더해서 쓸 수 있는 글자, 아래쪽에 획을 더해서 쓸 수 있는 글자, 옆쪽에 획을 더해서 쓸 수 있는 글자를요.

어린이 여러분 같으면 이 글자들 중에서 어느 것을 고를 건가요? 아마 앞의 다른 글자들(ㄱ에서 ㅋ, ㄴ에서 ㄷ, ㅅ에서 ㅈ)과는 달리, 이번 글자는 맞추기가 쉽지 않을 것 같아요.

세종대왕은 ㅇ의 위쪽에 획을 더한 글자를 선택했어요. 이것은 ㆆ 모양이에요. 이 글자를 '여린히읗'이라고 불러요.

이렇게 해서 목구멍소리인 ㅇ보다 복잡하고 거센 목구멍소리인 ㆆ이 만들어졌어요.

어린이 여러분은 세종대왕이 여린히읗을 선택했다는 것을 알아맞혔나요? 모르긴 몰라도 여린히읗이란 이름도 낯설고, 그 모양(ㆆ)도 무척이나 낯설 거예요. 십중팔구 책을 읽다가 ㆆ와 같은 글자를 본 적도 없을 거예요. 세종대왕 시절에 펴낸 책을 보지 않았다면, 난생 처음 보는 글자일 테니까요. 오늘날 우리가 배우는 책에서는 이 글자를 볼 수가 없어요. 여린히읗은 세종대왕 시대에만 사용하고, 요즘은 쓰지 않는 글자이거든요. 그러니 이 글자가 낯선 것은 너무나 당연해요.

ㅁ보다 거센 글자를 만들었어요

세종대왕은 기본이 되는 다섯 글자(ㄱ, ㄴ, ㅁ, ㅅ, ㅇ)를 만들면서 순서를 정했어요. 어금닛소리인 ㄱ이 가장 먼저이고, 다음이 혓소리인 ㄴ이고, 다음으로 입술소리인 ㅁ이 오고, 이어서 잇소리인 ㅅ이 오고, 마지막으로 목구멍소리인 ㅇ이 오게 했어요. 그렇다면 이런 궁금증이 생기지 않나요?

"순서대로라면 ㄴ 다음에 ㅁ을 다뤘어야 하는 거 아닌가요?"

그래요. ㅁ이 세 번째이니, ㄴ 다음에 ㅁ을 다루는 게 자연스러웠을 거예요. 그런데도 이 책에서는 그렇게 하지 않고, ㅅ과 ㅇ 다음에 ㅁ을 다루고 있어요. 이것은 더하는 획의 수가 달라서 ㅁ을 다섯 번째로 다룬 것인데요. 그 까닭을 이어지는 글에서 자세하게 설명해 줄게요.

세종대왕의 머릿속으로 들어가 봐요.

입술소리인 ㅁ보다 거센 입술소리를 만들려면 ㅁ에 획을 더해야 한다.

ㅁ의 어디에 획을 더하는 것이 안성맞춤일까?
위가 안성맞춤일까, 아래가 안성맞춤일까, 옆이 안성맞춤일까?

세종대왕은 ㅁ에 획을 더해서 만들어지는 여러 가지 글자들을 머릿속에서 지웠다 그리고, 또 지웠다가 그려 보았을 거예요. 그런 다음에 그 글자들을 붓으로 종이에 하나씩 하나씩 써 보곤 했을 거예요. ㅁ의 위에 획을 더해서 만들어지는 글자, 아래에 획을 더해서 만들어지는 글자, 옆에 획을 더해서 만들어지는 글자를요.

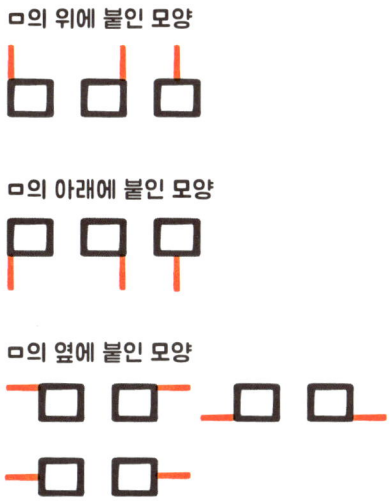

어린이 여러분은 이 모양 중에서 어떤 글자가 가장 마음에 드나요? 세종대왕은 어느 글자를 가장 마음에 들어 했을 것 같나요?

세종대왕의 머릿속으로 다시 들어가 봐요.

아무리 봐도 이 중에 마음에 드는 글자가 없다.
하지만 그렇다고 글자를 만들지 않을 수는 없다.
그럼 어떤 방법이?
그래, 획을 하나 더 그어 보자.

그래요. 세종대왕은 ㅁ에 획을 하나만 그은 모양에서는 만족스러운 글자를 찾아 내지 못했어요. 그래서 궁리 끝에 생각해 낸 방법이 하나의 획을 더 그어 보는 것이었어요. 즉 ㅁ에 두 개의 획을 긋는 방법을 생각해 낸 것이에요.

세종대왕은 ㅁ에 획을 두 개 그은 글자를 다양하게 상상해 보았어요. 그리고 붓으로 종이에 한 자 한 자 차근차근 써 보았어요.

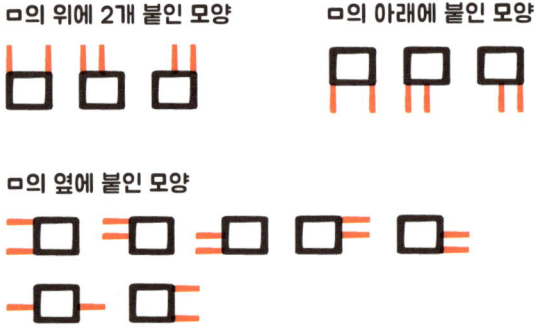

이 글자 중에는 세종대왕의 마음에 쏙 드는 글자가 있었어요. 어느 글자일까요? 맞아요, ㅂ 모양이에요. 우리는 이 글자를 '비읍'이라고 불러요.

이렇게 해서 입술소리인 ㅁ보다 복잡하고 거센 입술소리인 ㅂ이 만들어졌어요.

1차 가획으로 만든 글자들

세종대왕은 기본 글자인 ㄱ, ㄴ, ㅁ, ㅅ, ㅇ을 이용해서 또 다른 글자 다섯 개를 만들었어요. 이를 정리해 보면 이렇게 되죠.

ㄱ에 획을 더해서 ㅋ이 만들어졌어요.
ㄴ에 획을 더해서 ㄷ이 만들어졌어요.
ㅁ에 획을 더해서 ㅂ이 만들어졌어요.
ㅅ에 획을 더해서 ㅈ이 만들어졌어요.
ㅇ에 획을 더해서 ㆆ이 만들어졌어요.

ㅋ, ㄷ, ㅂ, ㅈ, ㆆ은 기본 글자인 ㄱ, ㄴ, ㅁ, ㅅ, ㅇ에 획을 더해서 만든 글자예요. 이 다섯 개의 새로운 글자를 '1차 가획으로 만든 글자'라고도 불러요.

1차 가획으로 만든 글자 : ㅋ, ㄷ, ㅂ, ㅈ, ㆆ

여기서 보면 ㅋ, ㄷ, ㅈ, ㅎ은 획을 한 번만 더해서 만든 글자이고, ㅂ은 획을 두 번 더해서 만든 글자예요. 이것만 놓고 보면 ㅋ, ㄷ, ㅈ, ㅎ과 ㅂ을 한 묶음으로 묶는 것이 다소 어색하다고 볼 수도 있어요.

하지만 중요한 것은 획을 한 번 더했는지 두 번 더했는지가 아니에요. 이 새로운 다섯 글자가 기본 글자로부터 만들어졌느냐 그렇지 않느냐예요.

ㅋ, ㄷ, ㅂ, ㅈ, ㅎ은 모두 기본 글자인 ㄱ, ㄴ, ㅁ, ㅅ, ㅇ으로부터 만들어졌잖아요? 그래서 ㅂ도 1차 가획으로 만든 글자에 포함시킨답니다.

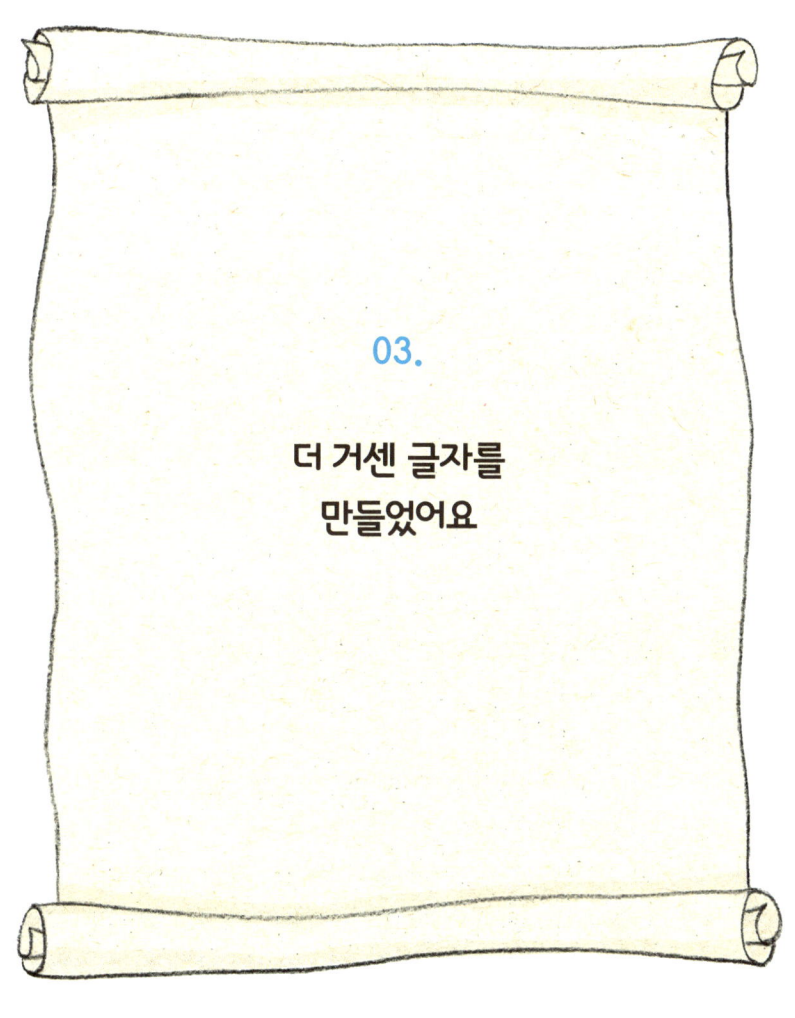

03.

더 거센 글자를 만들었어요

ㄹ, ㅊ, ㅌ, ㅍ, ㆆ을 만들어야 해요

세종대왕이 지금까지 몇 개의 글자를 만들었는지 계산해 볼게요.

발음기관을 본떠서 만든 기본 글자 : ㄱ, ㄴ, ㅁ, ㅅ, ㅇ

1차 가획으로 만든 글자 : ㅋ, ㄷ, ㅂ, ㅈ, ㅎ

발음기관을 본떠서 만든 글자가 5개이고, 1차 가획으로 만든 글자가 5개이니, 총 10개의 글자가 완성됐어요.
자음(ㄱ, ㄴ, ㄷ, ㄹ, ㅁ, ㅂ, ㅅ, ㅇ, ㅈ, ㅊ, ㅋ, ㅌ, ㅍ, ㅎ)은 열네 글자예요. 그러니 아직 만들지 못한 글자는 네 글자예요, 라고 생각할 수가 있어요. 하지만 이렇게 판단하면 안 돼요. 왜냐하면 세종대왕이 1차 가획으로 만든 글자 중에 우리가 현재 사용하지 않는 글자가 포함되어 있기 때문이에요. 그 글자가 무엇인가요? 그래요, ㆆ(여린히읗)이에요. 오늘날 우리가 사용하는 14개의 자음에 ㆆ이 포함돼 있지 않아서, 아직 만들지 않은 글자는 5개가 되는 거죠.

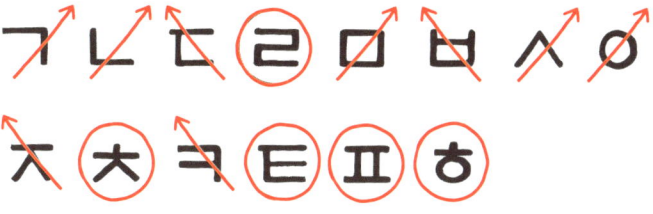

아직 만들지 않은 글자 : ㄹ, ㅊ, ㅌ, ㅍ, ㅎ

세종대왕은 이 다섯 글자를 어떻게 만들었을까요?

획을 더하면 어떻게 될까?

ㅋ, ㄷ, ㅂ, ㅈ, ㅎ

이 다섯 글자는 1차 가획으로 만든 글자예요. 이것은 세종대왕이 2차 가획으로 만든 글자가 있다는 얘기예요. 만약 2차 가획으로 만든 글자가 없다면, 굳이 1차 가획으로 만든 글자라고 할 필요가 없겠죠. 그냥 가획으로 만든 글자라고 하면 되니까요.

세종대왕이 발음기관을 본떠서 만든 기본 글자(ㄱ, ㄴ, ㅁ, ㅅ, ㅇ)를 붓으로 먹을 묻혀 종이에 정성스럽게 적었어요. 그리고 그 밑에 1차 가획으로 만든 다섯 글자(ㅋ, ㄷ, ㅂ, ㅈ, ㅎ)를 적었어요.

세종대왕이 이 10개의 글자들 중에서 ㄴ과 ㄷ을 유심히 바라보며 생각에 잠겼어요.

> 기본 글자인 ㄴ과 이 글자로부터 만든 거센 글자인 ㄷ은 모양도 다르고 소리의 세기도 다르다.
> ㄴ은 단순한 글자이고, ㄷ은 ㄴ보다 복잡한 글자이다.

ㄴ은 소리가 약하고, ㄷ은 ㄴ보다 소리가 거세다.

왜 이런 결과가 나왔는가?

그렇다. 획을 더했기 때문이다.

그렇다면 1차 가획으로 만든 글자에

획을 더하면 어떻게 되겠는가?

그렇구나. 1차 가획으로 만든 글자보다

더 복잡하고 더 거센 새로운 글자를 만들 수가 있겠구나!

1차 가획에 획을 더한 글자는 어떤 글자가 될까요? 그래요, 2차 가획으로 만든 글자가 될 거예요. 세종대왕은 2차 가획으로 남은 다섯 글자인 ㄹ, ㅊ, ㅌ, ㅍ, ㅎ을 창제하려고 하는 거예요.

ㄷ보다 거센 글자를 만들었어요

세종대왕이 첫 번째로 만든 글자는 ㄱ이에요. 그리고 이 글자를 가획해서 ㅋ을 만들었어요. 그러니 2차 가획으로 만들 첫째 글자도 ㅋ으로부터 출발하는 게 좋을 거예요. 그런데 그렇게 할 수가 없어요. 왜냐하면 세종대왕이 ㅋ은 2차 가획이 필요 없는 글자라고 보았기 때문이에요. 이에 대해서는 뒤에 나오는 글(ㅋ보다 거센 글자는 만들지 않았어요)에서 좀 더 자세히 설명할 거예요.

자, 그럼 세종대왕은 나머지 네 글자인 ㄷ, ㅂ, ㅈ, ㆆ을 어떻게 2차 가획해서 새로운 글자를 만들었는지 따라가 보아요.

세종대왕이 생각해요.

ㄷ보다 복잡한 혓소리 글자는 2차 가획으로 만들어야 한다.
그러자면 1차 가획으로 만든 글자인 ㄷ에 획을 더해야 한다.
획은 하나만 더하자.
ㄷ 모양의 어느 쪽에 획을 붙여야만
ㄷ과 모양이 어울리는 글자가 만들어질까?

세종대왕은 ㄷ에 획을 붙이는 여러 가지 가능성을 일일이 다 상상해 보았을 거예요. 그리고 머릿속으로 그려 본 그 다양한 글자들을 붓으로 종이에 써 보았을 거예요. ㄷ 위에 획을 붙인 글자, 밑에 획을 붙인 글자, 옆에 획을 붙인 글자를요.

세종대왕은 이렇게 만들어진 다양한 글자 모양을 보고는 어느 것이 가장 흡족한 글자일지 고심하고 또 고심했을 거예요. 어린이 여러분은 어느 글자 모양이 가장 마음에 드나요? 세종대왕은 ㄷ의 중앙에 획을 추가한 글자를 골랐어요. 이것은 ㅌ 모양이에요. 우리는 이 글자를 '티읕'이라고 불러요.

이렇게 해서 ㄷ보다 모양이 복잡하고 소리는 더욱 거세진 글자 ㅌ이 만들어졌어요.

ㅌ은 ㄷ으로부터 만들었고, ㄷ은 ㄴ으로부터 만들었으니, 결국 ㅌ과 ㄷ과 ㄴ은 한 가족 글자인 셈이에요. 이들을 한 데 묶어서 '혓소리 글자 가족'이라고 해요. 세종대왕 시대의 이름으로 말하면, 설음 글자 가족이 되겠네요.

혓소리 글자 가족(설음 글자 가족) : ㄴ, ㄷ, ㅌ

ㅈ보다 거센 글자를 만들었어요

세종대왕이 ㅈ을 보면서 생각해요.

ㅈ보다 거센 소리를 만들려면 획을 더해야 한다.
ㅈ의 어느 부근에 획을 더하는 게 가장 어울릴까?
위일까, 아래일까, 옆일까?

세종대왕은 머릿속에 떠오르는 글자의 모양을 가능한 거의 다 상상해 보았을 거예요. 그리고 그렇게 떠오른 글자 한 자 한 자를 붓을 들어 종이에 적어 보았을 거예요. 획을 ㅈ의 위에 붙인 글자, 아래에 붙인 글자, 옆에 붙인 글자를요.

ㅈ의 위에 붙인 모양

ㅈ의 아래에 붙인 모양

ㅈ의 옆에 붙인 모양

ㅊ ㅈ ㅊ ㅈ ㅊ ㅈ

어린이 여러분은 이 글자들 중에서 어느 글자를 택하고 싶은가요? 세종대왕은 ㅈ의 위에 획을 더한 글자를 선택했어요. 이 글자의 모양은 ㅊ이에요. 우리는 이 글자를 '치읓'이라고 불러요.

이렇게 해서 ㅈ보다 더 복잡하고 더 거센 소리가 나는 ㅊ이 탄생했어요.

ㅊ은 ㅈ으로부터 나왔고, ㅈ은 ㅅ으로부터 나왔으니, 결국 ㅊ과 ㅈ과 ㅅ은 한 가족 글자나 마찬가지예요. 이들을 한 데 묶어서 잇소리 글자 가족이라고 해요. 세종대왕 시대의 이름으로 말하면, 치음 글자 가족이 되겠네요.

잇소리 글자 가족(치음 글자 가족) : ㅅ, ㅈ, ㅊ

ㅎ보다 거센 글자를 만들었어요

이번에는 ㆆ을 생각해 볼 거예요. 현재는 ㆆ을 사용하지 않는데, 왜 이 글자를 포함시키느냐, 빼야 하는 게 아니냐고 생각하는 사람도 있을 거예요. 하지만 그렇게 말해선 안 돼요. 세종대왕이 이 글자로부터 우리가 오늘날 자주 사용하는 글자를 만들었거든요.

ㆆ을 이용하지 않으면, 그 글자를 만든 원리를 알 수가 없어요. 그래서 지금 사용하지 않아도 ㆆ을 빼지 않은 것이에요.

그 글자가 무엇인지 궁금하지 않나요?

세종대왕은 ㆆ으로부터 어떤 글자를 만들었을까요?

세종대왕이 생각에 잠겼어요.

ㆆ보다 거센 소리를 만들고 싶다.
그 글자가 무엇일지 궁금하다.
일단 ㆆ에 획을 더하고 보자.
ㆆ의 어느 쪽에 획을 더하는 게 좋을까?
위쪽일까, 아래쪽일까, 옆쪽일까?

세종대왕은 ㅇ에 획을 더해서 만들어질 수 있는 가능한 글자들을 거의 전부 머릿속으로 그려 보았을 거예요. 그리고 그 글자들을 붓으로 먹을 찍어서 종이에 한 자 한 자 정성스럽게 또박또박 써 보곤 했을 거예요. ㅇ의 위쪽에 획을 붙여서 나올 수 있는 글자, 아래쪽에 획을 붙여서 나올 수 있는 글자, 옆쪽에 획을 붙여서 나올 수 있는 글자를요.

ㅇ의 위에 붙인 모양

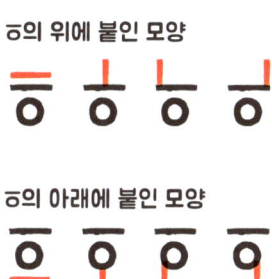

ㅇ의 아래에 붙인 모양

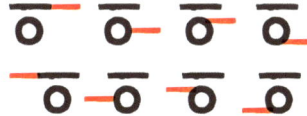

ㅇ의 옆에 붙인 모양

어린이 여러분 같으면 이렇게 만들어진 글자들 중 어느 것을 선택할 건가요? 세종대왕은 ㅇ의 위쪽에 획을 더한 글자를 골랐어요. 이 글자의 모양은 ㅎ이에요. 이 글자를 '히읗'이라고 불러요.

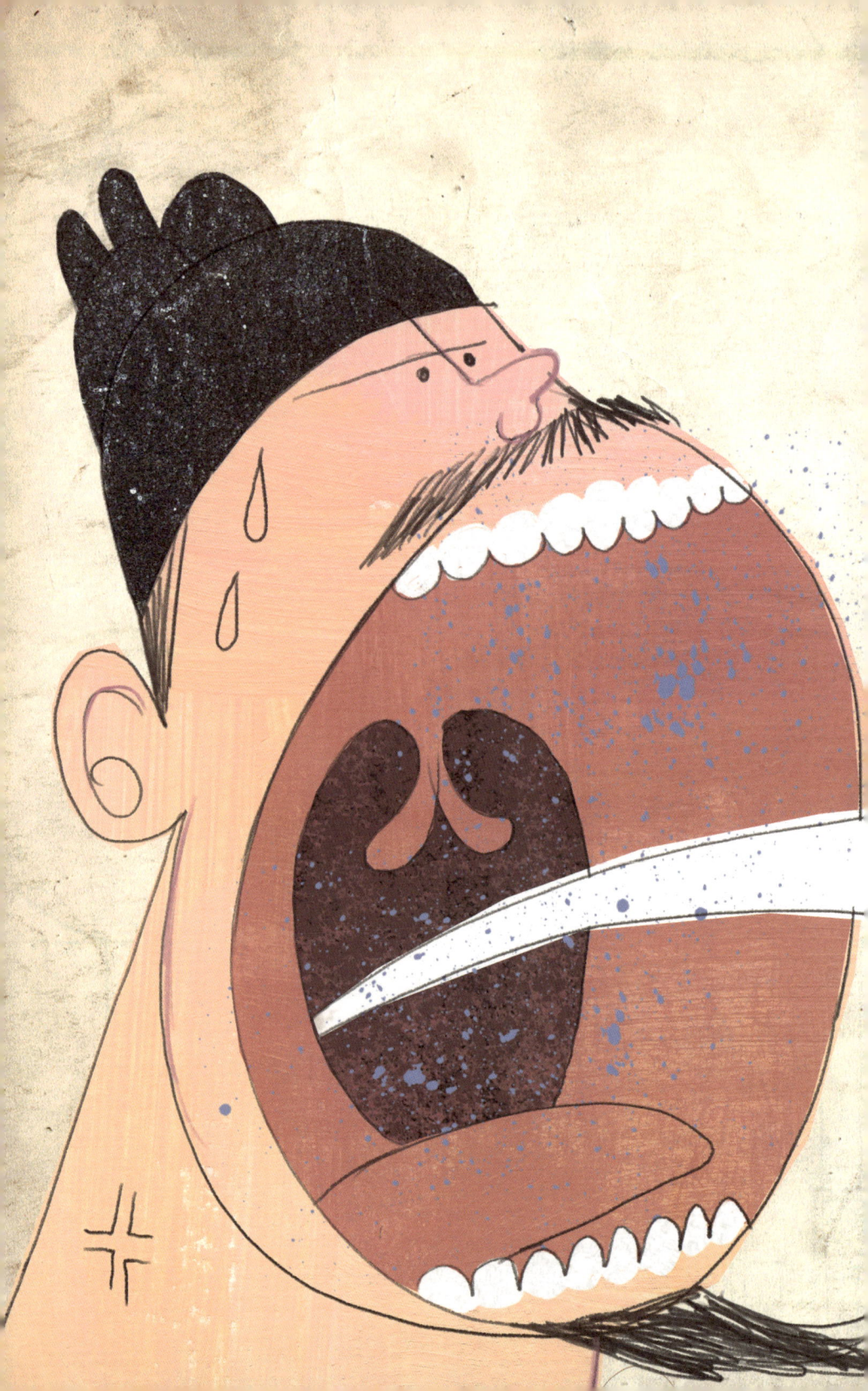

이렇게 해서 ㆆ보다 더 복잡하고 더 거센 소리인 ㅎ이 만들어졌어요.

ㅎ은 ㆆ으로부터 탄생했고, ㆆ은 ㅇ으로부터 탄생했으니, 결국 ㅎ과 ㆆ과 ㅇ은 한 가족 글자나 다름없어요. 이들을 한 데 묶어서 목구멍소리 글자 가족이라고 해요. 세종대왕 시대의 이름으로 말하면, 후음 글자 가족이 되겠네요.

목구멍소리 글자 가족(후음 글자 가족) : ㅇ, ㆆ, ㅎ

ㅂ보다 거센 글자를 만들었어요

이제 2차 가획으로 만들 수 있는 마지막 글자가 남았어요. 이것은 ㅂ으로부터 만들어져요. 세종대왕은 이 글자로부터 어떤 글자를 만들었을까요?

세종대왕이 생각해요.

> ㅂ보다 복잡한 글자를 만들고 싶다.
> 그 글자가 무엇일지 궁금하다.
> ㅁ에서 ㅂ을 만들 때,
> 획을 한 번 더하는 것으로는 가능하지 않았다.
> 이번에는 어떨까?
> 우선 ㅂ에 획을 한 번만 더해 보자.
> ㅂ의 어느 쪽에 획을 붙이는 게 어울릴까?
> 위가 어울릴까, 아래가 어울릴까, 옆이 어울릴까?

세종대왕은 ㅂ에 획을 더해서 만들 수 있는 가능한 거의 모든 글자를 머릿속에서 쓰고 지우고 또 쓰고 지우는 과정을 수없이 해 보았을 거예요. 그런 다음에 그 글자들을 붓으로 먹을 찍어 종이에 한 글자 한 글자 써 보곤 했을 거예요. ㅂ의 위쪽에 획을 붙여서 만들어지는 글자, 아래쪽에 획을 붙여서 만들어지는 글자, 옆쪽에 획을 붙여서 만들어지는 글자를요.

어린이 여러분 마음에 드는 글자가 보이나요? 없다고요? 잘 보았어요. 세종대왕도 어린이 여러분과 생각이 같았거든요.

세종대왕이 생각해요.

아무리 들여다봐도 흡족한 글자가 보이지 않는구나.
ㅁ에서 ㅂ을 만들 때에도 획을 두 번 더했다.
그러니 이번에도 획을 두 번 더해 보자.

그래요. 이번에도 ㅁ에서 ㅂ을 만들었을 때처럼, 획을 한 번만 그은 글자에선 만족스런 결과를 얻지 못했어요. 그래서 다시 한 번 획을 더 붙여 보겠다고 세종대왕이 결정을 내린 거지요.

세종대왕은 ㅂ에 획을 두 개 붙인 글자들을 상상할 수 있는 데까지 머릿속으로 그려 보았어요. 그리고 그 글자들을 붓으로 종이에 정성스럽게 써 보았어요.

ㅂ의 위에 붙인 모양

ㅂ의 아래에 붙인 모양

ㅂ의 옆에 붙인 모양

마음에 드는 글자가 있나요? 있다고요? 세종대왕도 어린이 여러분과 생각이 같았어요. 세종대왕의 마음에 쏙 드는 글자는 ㅍ 모양이에요. 우리는 이 글자를 '피읖'이라고 불러요.

이렇게 해서 ㅂ보다 더 복잡하고 더 거센 소리인 ㅍ이 만들어졌어요.

ㅍ은 ㅂ으로부터 만들어졌고, ㅂ은 ㅁ으로부터 만들어졌으니, 결국 ㅍ과 ㅂ과 ㅁ은 한 가족 글자나 마찬가지예요. 이들을 한 데 묶어서 입술소리 글자 가족이라고 해요. 세종대왕 시대의 이름으로 말하면, 순음 글자 가족이 되겠네요.

입술소리 글자 가족(순음 글자 가족) : ㅁ, ㅂ, ㅍ

ㅋ보다 거센 글자는 만들지 않았어요

이제 ㅋ을 얘기할 때가 되었어요. 세종대왕이 2차 가획으로 만든 글자는 다음의 네 글자예요.

2차 가획으로 만든 글자 : ㅊ, ㅌ, ㅍ, ㅎ

2차 가획으로 만든 글자들을 발음해 보세요.

ㅊ은 치읓
ㅌ은 티읕
ㅍ은 피읖
ㅎ은 히읗

이번에는 ㅋ을 발음해 보세요.

ㅋ은 키읔

자, 이제 세종대왕의 머릿속으로 들어가 볼까요?
세종대왕이 생각해요.

ㅊ, ㅌ, ㅍ, ㅎ과 ㅋ은 소리의 거센 정도가 서로 비슷하다.
ㅋ보다 더 복잡한 글자를 만들려면, ㅋ에 획을 더해야 한다.
2차 가획을 해야 하는 것이다.
이렇게 만들어진 글자는 ㅋ보다 더 거센 소리가 난다.
그렇게 되면 이렇게 만들어진 새로운 글자는
ㅊ, ㅌ, ㅍ, ㅎ보다 거센 소리가 나는 글자가 된다.
왜냐하면 ㅊ, ㅌ, ㅍ, ㅎ과 ㅋ은
소리의 거센 정도가 엇비슷하기 때문이다.
이것은 소리의 거센 어울림과 맞지 않는다.
따라서 획을 더해서 ㅋ보다
더 거센 소리가 나는 글자를 만든다면
ㅊ이나 ㅌ이나 ㅍ이나 ㅎ 역시 이 글자들보다
더 거센 소리가 나는 글자를 만들어야 한다.
그러나 굳이 그럴 필요는 없다.
ㅊ, ㅌ, ㅍ, ㅎ에 ㅋ만으로도 거센 소리를 다 표현할 수 있는데
굳이 더 복잡하고 거센 글자를 만들어서
혼란스럽게 할 필요는 없지 않은가!

이것이 바로 세종대왕이 ㅋ보다 거센 소리가 나는 글자를 만들지 않은 이유예요.

다음은 ㅋ의 위쪽에, 아래쪽에, 옆쪽에 획을 더해서 만들어 본 글자들이에요.

ㅋ의 위에 붙인 모양

ㅋ의 아래에 붙인 모양

ㅋ의 옆에 붙인 모양

세종대왕도 ㅋ에 획을 더한 이런 글자를 머릿속으로 그려 보았을 거예요. 그리고 붓으로 종이에 써 보기도 했을 거예요.

제 눈에는 글자로 택하기에 자연스런 모양이 없어 보이는데 어린이 여러분은 어떻게 생각하나요?

ㄹ은 다르게 만들었어요

오늘날 사용하는 자음 열네 글자 중에서 이제 ㄹ만 남았어요. ㄹ은 세종대왕이 좀 특이하게 만든 글자예요. 예외적인 글자라고 볼 수 있어요.

세종대왕이 붓으로 먹을 찍어 혓소리 가족 글자들을 찬찬히 종이에 적었어요.

ㄴ, ㄷ, ㅌ

세종대왕의 눈빛이 ㄴ을 거쳐 ㄷ으로 가더니 오랫동안 멈춰 있어요. 세종대왕은 무슨 생각을 하고 있는 걸까요?

ㄷ에 획을 한 번 더해서 ㅌ을 만들었다.
그럼 ㄷ의 위쪽에 획을 두 번 더하면
어떤 모양의 글자들이 만들어질까?

세종대왕은 ㄷ의 위쪽에 획을 두 번 그은 글자들을 머릿속으로 그려 보고, 그것을 종이에 적어 보았어요.

ㄷ의 위쪽에 획을 두 번 더한 모양

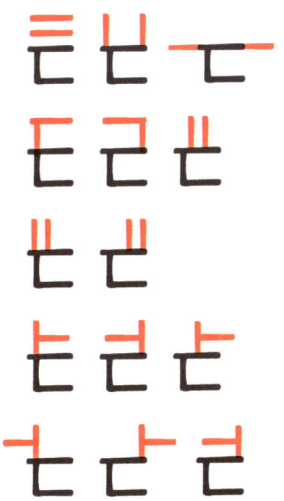

세종대왕이 이 글자 하나하나들을 찬찬히 뚫어져라 바라보다가 이윽고 한 글자에 시선이 멈추었어요.

　바로 이 글자다!

세종대왕의 입에서 나직하게 탄성이 흘러나왔어요.

어린이 여러분, 세종대왕의 탄성을 자아내게 한 글자가 무엇일까요? 그래요, 잘 맞추었어요. ㄹ 모양이에요. 우리는 이 글자를 '리을'이라고 불러요.

세종대왕이 생각해요.

ㄹ은 ㄷ에 획을 두 번 더하면 만들어질 수 있는 글자다.
따라서 가획한 글자라고 보는 사람들이 있을 수도 있다.
하지만 그래선 안 된다.
왜냐하면 이 글자는 소리의 거센 경향을
따르지 않고 있기 때문이다.

소리의 거센 경향을 따르지 않는다, 라는 세종대왕의 말은 무슨 뜻일까요?
세종대왕은 획을 더해서 많은 글자들을 만들었어요.

ㄱ에서 ㅋ
ㄴ에서 ㄷ, ㄷ에서 ㅌ
ㅁ에서 ㅂ, ㅂ에서 ㅍ
ㅅ에서 ㅈ, ㅈ에서 ㅊ
ㅇ에서 ㅎ

이들을 발음해 보세요.

기역에서 키읔

니은에서 디귿, 디귿에서 티읕

미음에서 비읍, 비읍에서 피읖

시옷에서 지읒, 지읒에서 치읓

이응에서 히읗

획을 많이 더한 글자가 될수록 소리의 세기가 어떤가요?

그래요, 더욱 거세져요.

세종대왕이 지적한 것이 바로 이것이에요.

세종대왕의 머릿속을 다시 들여다볼까요?

ㄷ이라는 글자에 획을 더해서 ㄹ이라는 글자를 만들 수 있다면

ㄹ이라는 글자의 소리는 ㄷ보다 더욱 거세져야 한다.

그러나 소리가 거세어지기는커녕 오히려 더 약하다.

ㄹ이라는 글자의 소리 세기는 ㄴ과 엇비슷한 정도다.

이것은 획을 더할수록 소리가 거세어져야 한다는

가획의 원리에 맞지 않는다.

따라서 ㄹ이라는 글자는 획을 더해서 만든 글자가 아니다.

세종대왕이 "ㄹ이라는 글자는 소리의 거센 경향을 따르지 않는

다."라고 한 말의 뜻을 이젠 알겠죠?

그래요, 획을 더했으면 거센 소리 글자가 되어야 하는데, 그렇지 못하니 ㄹ은 획을 더해서 만든 글자가 아니라고 한 거예요. 세종대왕은 ㄹ을 반설음이라고 불렀어요. 우리말로는 반혓소리라고 해요.

이렇게 해서 ㄱ, ㄴ, ㄷ, ㄹ, ㅁ, ㅂ, ㅅ, ㅇ, ㅈ, ㅊ, ㅋ, ㅌ, ㅍ, ㅎ과 같은 자음 14개가 완성됐어요.

세종대왕이 자음을 완성했어요

세종대왕이 지금까지 만든 글자 가족들을 정리해 볼게요.

ㄱ은 어금닛소리, 세종대왕 시대의 이름으로는 아음
ㄴ은 혓소리, 세종대왕 시대의 이름으로는 설음
ㅁ은 입술소리, 세종대왕 시대의 이름으로는 순음
ㅅ은 잇소리, 세종대왕 시대의 이름으로는 치음
ㅇ은 목구멍소리, 세종대왕 시대의 이름으로는 후음

1차 가획으로 만든 글자
ㄱ에 획을 더해서 ㅋ을 만들었어요.
ㄴ에 획을 더해서 ㄷ을 만들었어요.
ㅁ에 획을 더해서 ㅂ을 만들었어요.
ㅅ에 획을 더해서 ㅈ을 만들었어요.
ㅇ에 획을 더해서 ㆆ(여린히읗)을 만들었어요.

2차 가획으로 만든 글자

ㄷ에 획을 더해서 ㅌ을 만들었어요.

ㅂ에 획을 더해서 ㅍ을 만들었어요.

ㅈ에 획을 더해서 ㅊ을 만들어졌어요.

ㆆ에 획을 더해서 ㅎ을 만들었어요.

어금닛소리 가족 : ㄱ, ㅋ

혓소리 가족 : ㄴ, ㄷ. ㅌ

반혓소리 가족 : ㄹ

입술소리 가족 : ㅁ, ㅂ, ㅍ

잇소리 가족 : ㅅ, ㅈ, ㅊ

목구멍소리 가족 : ㅇ, ㆆ, ㅎ

참고로, 세종대왕은 훈민정음을 만들 때 17개의 자음을 만들었어요. 오늘날 사용하는 14개의 자음뿐 아니라, 여린히읗 ㆆ, 이응에 꼭지가 붙은 옛이응 ㆁ, 세모 모양의 반치음(반잇소리) ㅿ도 만들었어요.

그림으로 보는 훈민정음 ①

훈민정음은 세종대왕이 지은 책 이름이자 문자예요.
오늘날 한글이라고 부르죠.
훈민정음(訓民正音)이라는 한자를 우리말로 바꾸면,
'백성을 가르치는 바른 소리'라는 뜻이에요.

훈민정음은 크게 해례본과 언해본으로 구분할 수 있어요.
해례본은 한문으로 되고 있고, 언해본은 한글로 되어 있죠.

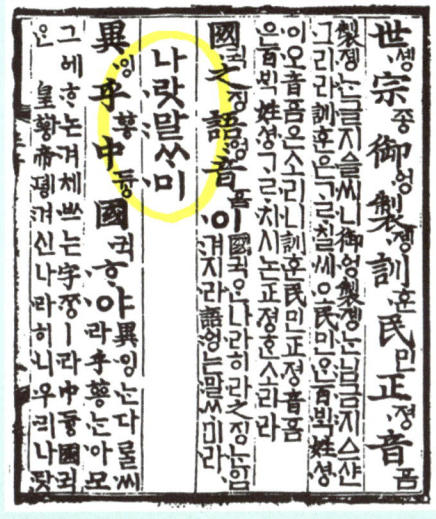

언해본은 한문으로 된 해례본을 한글로 다시 풀어 쓴 책이랍니다.
"나랏말쓰미"라는 구절을 많이들 들어 보았을 텐데, "나랏말쓰미"는 언해본의 대표적인 구절이에요.

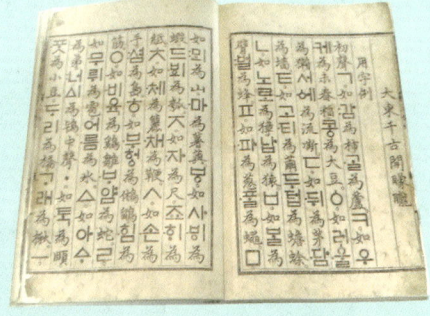

해례본은 훈민정음을 만든 이유와 창제 원리를 설명해 주는 책이에요.

소리를 어떤 글자로 표현했는지, 무엇의 모습을 본떠서 글자를 만들었는지, 음양의 원리를 어떻게 글자에 담았는지 자세하게 알 수 있답니다.

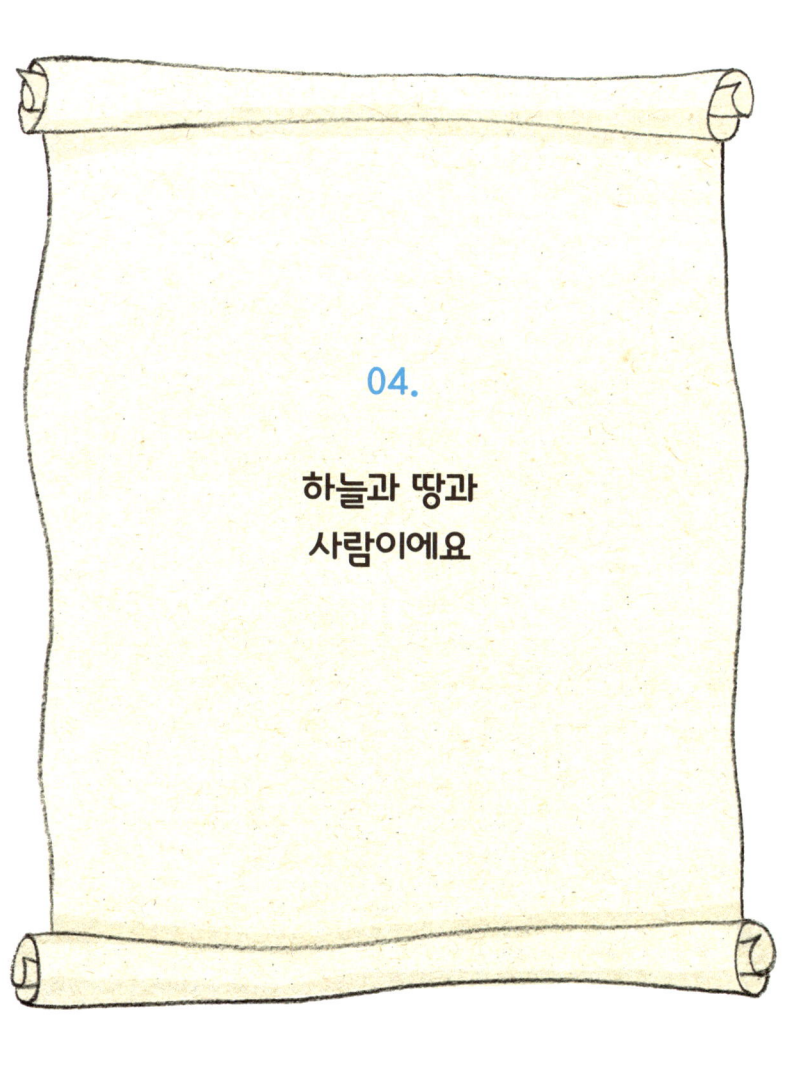

04.

하늘과 땅과
사람이에요

자음만으로는 부족하구나

스마트폰 글자판 중에 천지인이 있어요. 이 글자판의 이름이 왜 천지인인 줄 알고 있나요? 많은 어린이 여러분이 모를 듯싶은데요, 여기서 알려 줄게요.

천지인 글자판에는 세종대왕이 만든 14개의 자음(ㄱ, ㄴ, ㄷ, ㄹ, ㅁ, ㅂ, ㅅ, ㅇ, ㅈ, ㅊ, ㅋ, ㅌ, ㅍ, ㅎ)이 고스란히 들어 있어요. 그리고 또 다른 글자들이 보여요.

ㅣ, ㆍ, ㅡ

이 세 개의 글자는 모음이에요.
세종대왕이 자음 14개를 어떻게 만들었는지는 앞에서 배웠어요. 그러니 이제는 모음을 배워야겠죠.
세종대왕이 생각해요.

ㄱ, ㄴ, ㄷ, ㄹ, ㅁ, ㅂ, ㅅ, ㅇ, ㅈ, ㅊ, ㅋ, ㅌ, ㅍ, ㅎ을 만들었다.
뿌듯하고 가슴 벅차다.
하지만 만족해선 안 된다.
발음기관의 모양을 본떠서 글자를 만들긴 했지만
이것만으로는 부족하기 때문이다.
그렇다.
ㄱ, ㄴ, ㄷ, ㄹ, ㅁ, ㅂ, ㅅ, ㅇ, ㅈ, ㅊ, ㅋ, ㅌ, ㅍ, ㅎ만 가지곤
우리가 말하는 소리를 다 담아낼 수가 없다.
그래서 다른 글자가 필요하다.

> 새로운 글자를 더 만들어야 하는 것이다.

　천지인 글자판에 14개의 자음만 있고, 모음이 없으면 한글을 제대로 쓸 수가 없어요. 믿어지지 않으면 어린이 여러분이 한번 해 보세요. ㄱ, ㄴ, ㄷ, ㄹ, ㅁ, ㅂ, ㅅ, ㅇ, ㅈ, ㅊ, ㅋ, ㅌ, ㅍ, ㅎ으로 '스'와 '기'라는 글자를 한번 써 보세요. 쓸 수 있나요? 아무리 궁리를 하고, 묘안을 찾아 내려고 해도 14개의 자음만으로 '스'와 '기'라는 글자를 쓰는 것은 가능하지 않아요. 이것은 무엇을 의미할까요? 그래요, 한글은 자음과 모음이 어우러져야 글자를 제대로 쓸 수 있다는 뜻이에요. 모음이 반드시 필요한 거지요. 세종대왕이 더 만들어야 할 새로운 글자란 다름 아닌 모음인 거예요.

하늘과 땅과 사람으로

　세종대왕은 우리의 말을 올바로 나타내기 위해서 스마트폰의 천지인 글자판에 보이는 세 개의 모음 ㅣ, ·, ㅡ를 만들었어요. 세종대왕은 이 세 개의 글자를 어떻게 만들었을까요?
　세종대왕이 생각해요.

　　ㄱ, ㄴ, ㄷ, ㄹ, ㅁ, ㅂ, ㅅ, ㅇ, ㅈ, ㅊ, ㅋ, ㅌ, ㅍ, ㅎ은
　　발음기관의 모양을 본떠서 만들었다.
　　이것은 자연의 이치와 어울리도록 글자를 만들기 위해서였다.
　　새롭게 만들 글자가
　　ㄱ, ㄴ, ㄷ, ㄹ, ㅁ, ㅂ, ㅅ, ㅇ, ㅈ, ㅊ, ㅋ, ㅌ, ㅍ, ㅎ과 어울리려면
　　자연의 이치와 잘 맞아야 한다.
　　그래야 둘이 어우러졌을 때, 글자의 모양이 안정돼 보이고
　　소리를 자연스럽게 표현할 수 있을 것이다.
　　자연의 어떤 이치를 적용하는 게 좋을까?

세종대왕은 '글자와 자연의 어우러짐'을 자음뿐 아니라, 모음에서도 이렇게 힘주어 강조하고 있어요.

세종대왕이 생각의 나래를 펼쳐요.

ㄱ, ㄴ, ㄷ, ㄹ, ㅁ, ㅂ, ㅅ, ㅇ, ㅈ, ㅊ, ㅋ, ㅌ, ㅍ, ㅎ은
사람과 연관을 지어서 만들었다.
사람의 발음기관을 본떠서 만들었으니까.
새로 만들 글자도 사람과 연관을 지어야 한다.
그래야 실과 바늘의 사이처럼,
어울림이 척척 맞아떨어질 것이기 때문이다.
사람은 이 세상에서 살아간다.
이 세상은 하늘과 땅으로 이루어져 있다.
결국 이 세상이란 하늘과 땅으로 이루어진 공간에서
사람이 살아가는 곳이란 얘기에 다름 아니다.
그렇다면 이 세상을 크게 셋으로 나누어 볼 수 있을 것이다.
하늘과 땅과 사람으로.

하늘은 한자로 천(天)이고, 땅은 지(地)이고, 사람은 인(人)이에요. 하늘과 땅과 사람을 합치면 한자로 천지인(天地人)이 돼요. 스마트폰의 천지인 글자판의 '천지인'이 바로 이 천지인이에요.

세종대왕의 생각을 또 들여다볼까요?

천지인, 즉 하늘과 땅과 사람은
이 세상을 구성하는 뿌리나 마찬가지이다.
따라서 새롭게 만들 글자의 기본으로
천지인을 정하는 것은 너무나 마땅하고 마땅하다.
그래 좋아. 하늘과 땅과 사람의 모양을 본떠서
새로운 글자를 만들어 보는 거야.

세종대왕의 이런 멋진 생각 덕분에 하늘과 땅과 사람을 본뜬 글자인 '천지인' 세 글자가 마침내 찬란히 탄생하려 하고 있어요.

하늘을 본뜬 글자

　세종대왕이 정원으로 나갔어요. 걷다가 고개를 들어 하늘을 올려다보고, 또 걷다가 고개를 들어 하늘을 올려다보고 있어요. 세종대왕은 무슨 생각을 하고 있을까요? 세종대왕의 머릿속으로 들어가 봐요.

　하늘을 바라본다.
　동에서 서로, 남에서 북으로.
　아무리 보고 또 봐도 하늘은 둥그렇다.
　이 모양을 글자로 표현하면 ㅇ으로 나타낼 수가 있다.
　그러나 이 모양을 새로운 글자로 사용하기는 어렵다.
　아니, 불가능하다.
　왜냐하면 이 모양은 발음기관을 본떠서 만든 글자 중의 하나인 후음(목구멍소리)에서 ㅇ으로 이미 사용했기 때문이다.
　하지만 그렇다고 해서 하늘의 둥근 모양을
　네모나 세모 같은 전혀 엉뚱한 모양으로

바꾸어 나타낼 수는 없다.
어떤 좋은 방법이 있을까?
그래, 줄이는 거야!
ㅇ을 자그마하게 자그마하게 자꾸 자꾸 줄여 나가면
검은 둥근 점과 비슷해질 것이다.
이 모양을 하늘을 표현하는 글자로 정하자.

이렇게 해서 하늘을 뜻하는 글자가 탄생했어요. 이 글자의 모양은 •이에요. 이 글자를 '아래아'라고 불러요.

하늘을 본뜬 글자 : •(아래아)

땅을 본뜬 글자

천지인 세 글자 중에서 하늘이 먼저 완성됐어요. 이제는 천지인의 두 번째 글자인 땅을 만들어 볼 차례예요.

세종대왕은 여전히 정원을 걷고 있어요. 이번에는 걷다가 고개를 내려 땅을 바라보고, 또 걷다가 고개를 내려 땅을 바라보고 있어요. 세종대왕은 연신 이렇게 땅을 내려다보며 무슨 생각을 하고 있을까요? 세종대왕의 머릿속으로 들어가 봐요.

땅을 본다.
왼쪽에서 오른쪽으로, 앞에서 뒤로
아무리 보고 또 봐도 땅은 평평하다.
분명 하늘과는 다른 모양이다.
땅의 평평한 모양은 ㅡ로 나타낼 수 있다.
이 모양은 발음기관을 본뜬 글자에 들어 있지 않다.
좋다, 이 모양을 땅을 표현하는 글자로 삼자.

이렇게 해서 땅을 나타내는 글자가 완성됐어요. 이 글자의 모양은 ㅡ이에요. 이것을 '으'라고 읽어요.

땅을 본뜬 글자 : ㅡ (으)

사람을 본뜬 글자

천지인 세 글자 중에서 하늘과 땅, 두 글자가 완성됐어요. 이제 천지인의 마지막 글자인 사람을 나타내는 모양을 찾아 내면 천지인은 완성돼요.

세종대왕이 정원의 담으로 향했어요. 세종대왕의 눈은 궐 안을 바삐 움직이는 신하들의 모습을 이리저리 쫓고 있어요. 세종대왕은 무슨 생각을 하고 있을까요? 세종대왕의 머릿속으로 또 들어가 봐요.

하늘과 땅의 모양은 시간이 지나도 변하지 않는다.
언제 보아도 하늘은 늘 둥그렇고, 땅은 늘 평평하다.
그러나 사람은 다르다.
앉아 있을 때도 있고, 허리를 구부릴 때도 있고
누워 있을 때도 있고, 서 있을 때도 있다.
앉아 있는 모양을 글자로 표현하면 ㄴ과 비슷하다.
이 글자는 발음기관에서 본뜬 글자 중의 하나인

설음(혓소리)에서 이미 사용했다.

허리를 구부리는 모양을 글자로 나타내면 ㄱ과 비슷하다.

이 글자 역시 발음기관에서 본뜬 글자 중의 하나인

아음(어금닛소리)에서 이미 사용했다.

누워 있는 모양을 글자로 표현하면 ㅡ와 비슷하다.

이것은 땅을 본뜬 글자와 같다.

따라서 사용할 수가 없다.

사람이 서 있는 모양은 ㅣ로 나타낼 수가 있다.

이 모양은 발음기관을 본뜬 글자에서도 사용하지 않았고,

하늘과 땅을 나타내는 천지(天地)에서도 사용하지 않았다.

사람이 서 있는 모양을 사람을 표현하는 글자로 정하자.

이렇게 해서 사람을 나타내는 글자가 완성됐어요. 이 글자의 모양은 ㅣ예요. 이것을 '이'라고 발음해요.

사람을 본뜬 글자 : ㅣ (이)

하늘과 땅과 사람, 즉 천지인을 본뜬 세 글자는 다음과 같아요.

·, ㅡ, ㅣ

이 세 개의 글자는 스마트폰의 천지인 글자판에 있는 세 개의 모음과 같아요. 스마트폰의 천지인 글자판을 '천지인'이라고 하는 것은 이 세 개의 모음에서 따온 이름이에요.

천지인 글자의 탄생

세종대왕은 하늘과 땅과 사람을 본떠서 글자를 만들었어요. 이를 정리해 보면 다음과 같아요.

하늘을 본떠서 만든 글자 : ・ (아래아)
땅을 본떠서 만든 글자 : ㅡ (으)
사람을 본떠서 만든 글자 : ㅣ (이)

하늘과 땅과 사람을 본떠서 만든 세 글자를 묶어서 천지인(天地人)이라고 해요.

천지인(天地人) 글자 : ・, ㅡ, ㅣ

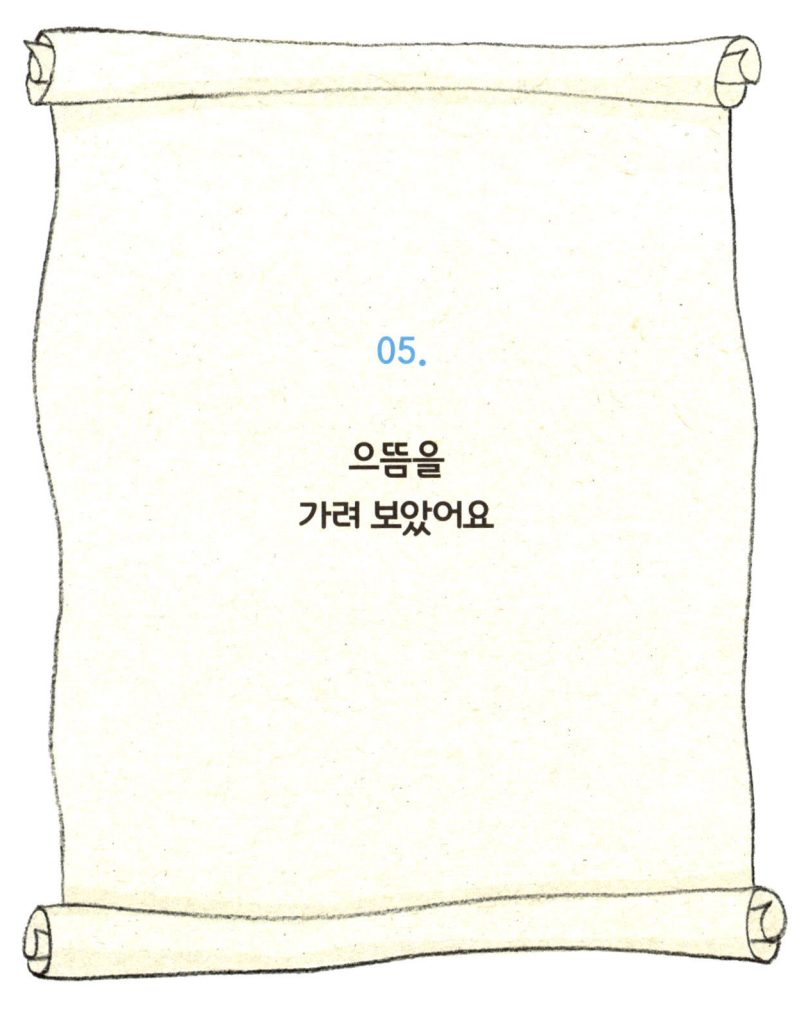

05.

으뜸을
가려 보았어요

셋 중에서 무엇이 으뜸일까?

세종대왕은 하늘과 땅과 사람, 즉 천지인(天地人)의 모양을 본떠서 ・, ㅡ, ㅣ를 만들었어요.

세종대왕이 생각해요.

하늘과 땅과 사람의 글자가 정해졌다.
하늘은 ・이고, 땅은 ㅡ이고, 사람은 ㅣ이다.
이 셋의 우열을 가릴 수는 없을까?

세종대왕이 붓에 먹을 묻혀 종이에 천지인(天地人) 세 글자를 적었어요.

天 ・
地 ㅡ
人 ㅣ

세종대왕은 이 세 글자를 바라보며 골똘히 생각에 잠겼어요.

사람은 동물과 식물 위에 있다.
사람의 이런 지위는 변하기가 쉽지 않다.
왜냐하면 사람은 동물과 식물보다 영리하기 때문이다.
하지만 그렇다고 해서 어떠한 상황에서도
사람이 언제까지나 이런 특권을 누리기는 어려울 것이다.
아니, 불가능하다.
복잡하게 생각하지 말고 땅이 없다고 가정해 보자.
그때도 사람이 동물과 식물 위에 있을 수 있겠는가?
아니 없다.
절대로 가능하지 않다.
땅이 없으니 동물과 식물은 존재할 수 없다.
어디 동물과 식물뿐인가.
사람도 존재할 수 없다.
동물이 없고, 식물이 없고, 사람이 없는데
누가 누구 위에 있을 수 있겠는가?
사람이 동물과 식물 위에 있기 위해선
무엇보다 땅이 있어야만 가능한 것이다.
이는 땅이 있고, 사람이 있다는 얘기다.

다시 말해 땅이 먼저고 사람이 나중이라는 애기다.
그래서 사람과 땅의 우열은
땅이 사람보다 위에 있다고 할 수 있다.

　동양 세계, 즉 우리나라와 중국과 일본에서는 옛날부터 하늘과 땅과 사람이 서로 어우러져서 사는 삶을 존중해 왔어요. 땅이 먼저이고 사람이 나중이라고 해서 "땅은 양반, 사람은 천민"이라는 식으로, 땅과 사람을 함께할 수 없는, 따로따로인 존재로 생각하지 않았던 거예요. 하늘과 땅과 사람은 늘 함께 도와가며 살아야 한다고 보았거든요.

하늘이 으뜸이에요

땅이 먼저이고 사람이 나중이라면, 땅과 하늘의 관계는 어떨까요?

세종대왕의 생각을 들여다봐요.

> 땅은 또 어떤가?
> 하늘이 없는데 땅이 있을 수 있을까?
> 아니다, 그럴 순 없다.
> 하늘이 있고, 땅이 있는 것이다.

하늘이 있고, 땅이 있는 것이다, 라는 것을 현대 과학으로 설명해 볼게요.

어린이 여러분, 하늘이 먼저 생겨났을 것 같은가요, 땅이 먼저 생겨났을 것 같은가요? 답부터 말하면 하늘이에요. 우리가 늘 보고 있는 하늘은 우주 공간과 맞닿아 있어요. 우주는 약 137억 년 전쯤에 생겨났어요. 그렇게 우주가 탄생하고 나서 약 92억 년이 흘

렀을 즈음에 지구가 태어났어요.

사람이 발을 딛고 서 있는 땅이 어디에 있죠? 그래요, 지구에 있어요. 그러니 땅은 하늘보다 한참 뒤늦게 탄생한 거예요.

뒤늦게 태어난 것이 앞서 태어난 것보다 먼저 탄생할 수는 없어요. 이것이 자연의 이치이고 이 세상의 이치예요. 그래서 하늘이 먼저이고 다음이 땅인 것이에요. 이를 하늘이 있고 땅이 있다고 한 것이지요.

세종대왕의 생각을 계속 따라가 볼까요?

> 땅이 있고 사람이 있다는 것은
> 땅이 사람보다 먼저라는 의미이다.
> 마찬가지로 하늘이 있고 땅이 있다는 것은
> 하늘이 땅보다 먼저라는 의미이다.
> 이를 순서로 따지면, 사람보다 땅이 먼저이고,
> 땅보다 하늘이 먼저가 된다.
> 따라서 하늘과 땅과 사람 중에서 으뜸은 하늘이다.
> 하늘이 으뜸이니, 세상의 많은 일을 하늘이 주관할 것이다.

맞아요. 하늘은 지구에서 일어나는 많은 현상을 일으켜요. 비가 오고, 눈이 내리고, 바람이 불고, 해가 뜨고, 달이 차고 기우는 이

모든 것이 다 하늘의 작용이잖아요? 비가 오면 빗물은 강으로 흘러 바다로 나가고 사람은 우산을 쓰고, 눈이 내리면 땅은 하얗게 변하고 사람은 눈을 치우고, 바람이 불면 나뭇가지가 흔들리고 사람은 바람을 피하고, 해가 뜨면 땅은 밝아지고 사람은 일하러 나가고, 달이 차고 기울면 밀물과 썰물이 생기고 사람은 하루 이틀 사흘 날짜를 세요. 이렇듯 하늘의 작용이 지구의 땅과 사람에게 절대적으로 영향을 미치고 있는 것이에요.

자연의 이치가 글자 속으로

　세종대왕은 천지인 셋 중에서 하늘이 으뜸이라고 보았어요. 세종대왕은 새로운 글자를 만드는 데, 으뜸인 하늘을 십분 이용하려고 해요.
　세종대왕이 생각해요.

　　으뜸인 하늘은 땅과 사람에게 절대적으로 영향을 미친다.
　　자연의 이러한 이치는 새롭게 만들 글자에도
　　그대로 적용이 되어야 한다.
　　새롭게 만들 글자 역시
　　자연의 이치를 알차게 담고 있어야 하기 때문이다.
　　하늘과 땅과 사람 중에서 으뜸은 하늘이니
　　천지인을 나타내는 세 글자 ㆍ, ㅡ, ㅣ 중에서
　　으뜸은 마땅히 하늘을 나타낸 ㆍ이어야 한다.

　으뜸은 많은 것 중에서 가장 뛰어난 것, 또는 첫째가는 것이에요. 첫째가는 것은 우두머리예요. 따라서 하늘을 나타낸 • 가 으뜸이라는 것은 모음의 우두머리 글자가 '아래아'라는 얘기예요.

세종대왕이 생각을 이어가요.

> 하늘의 작용은 땅과 사람에게 지대한 영향을 미친다.
> 천지인을 뜻하는 세 글자도 이런 이치에서 벗어나선 안 된다.
> 그래서 하늘을 뜻하는 • 가 땅을 뜻하는 ㅡ와
> 사람을 뜻하는 ㅣ에 절대적인 영향을 주어야 한다.

그래요, 모음의 으뜸인 아래아 • 는 땅을 뜻하는 ㅡ와 사람을 뜻하는 ㅣ와 어우러져서 모음을 만들어가게 되는데요, 이에 대해서는 이어지는 글에서 살펴 볼게요.

하늘이 으뜸, 다음은 땅, 그다음은 사람

세종대왕은 하늘과 땅과 사람의 우선순위를 가려 놓고, 새로이 만들 글자도 이에 따라야 한다고 했어요.

이를 정리하면 다음과 같아요.

하늘이 먼저이고, 다음은 땅이고 마지막은 사람이에요.

새로 만들 글자도 이런 자연의 이치를 그대로 이어받아, 하늘을 뜻하는 • 가 모음의 으뜸 글자가 되어야 해요.

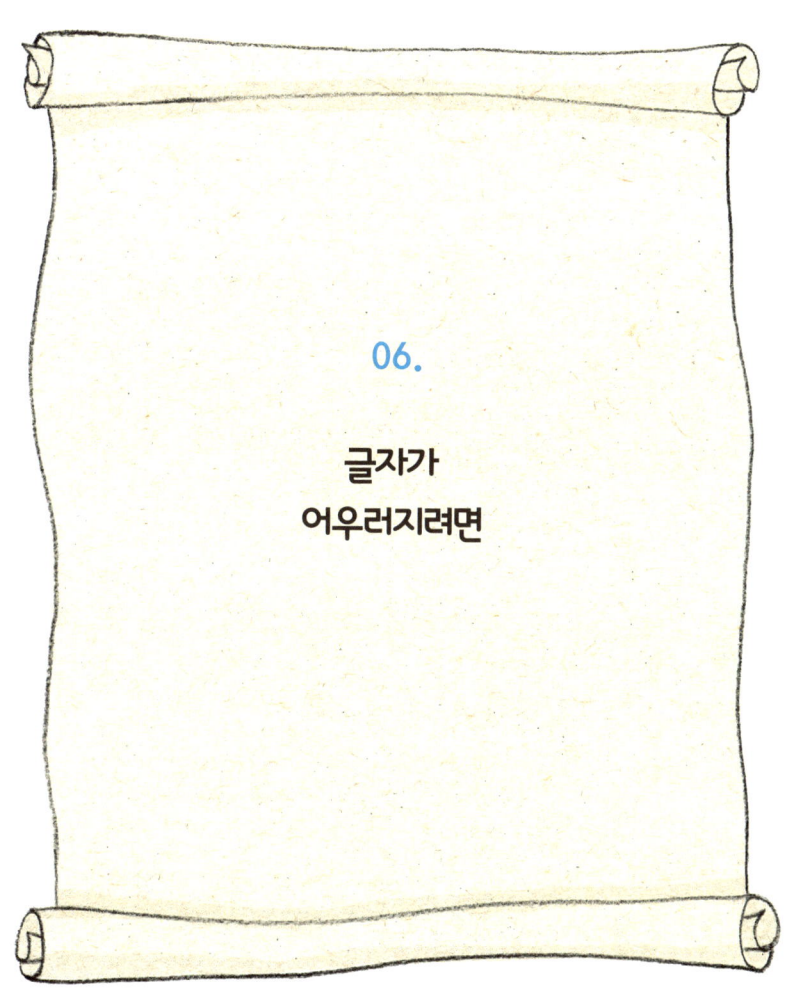

06.

글자가
어우러지려면

·, ㅡ, ㅣ를 기본 글자로 삼아

　세종대왕은 하늘을 뜻하는 ·를 모음의 으뜸 글자로 삼았어요. 그리고 천지인의 세 글자인 ·, ㅡ, ㅣ를 모음을 만드는 기본 글자로 삼았지요. 세종대왕이 ㄱ, ㄴ, ㄷ, ㄹ, ㅁ, ㅂ, ㅅ, ㅇ, ㅈ, ㅊ, ㅋ, ㅌ, ㅍ, ㅎ을 창제할 때 ㄱ, ㄴ, ㅁ, ㅅ, ㅇ을 자음의 기본 글자로 정한 것처럼요.

　자음을 만드는 기본 글자 : ㄱ, ㄴ, ㅁ, ㅅ, ㅇ

　모음을 만드는 기본 글자 : ·, ㅡ, ㅣ

　오늘날 우리가 사용하는 모음은 다음과 같아요.

　오늘날 사용하는 모음 : ㅏ, ㅑ, ㅓ, ㅕ, ㅗ, ㅛ, ㅜ, ㅠ, ㅡ, ㅣ

　현재 우리가 사용하는 모음의 개수는 모두 10개예요. 이 중에서 천지인 3개의 기본 글자 ·, ㅡ, ㅣ를 제외하면 여덟 글자가 남아요. 10개에서 3개를 빼면 7개가 되어야 하는데, 왜 8개냐고요? 천지인 세 글자 가운데 하늘을 뜻하는 아래아(·)는 현재 사용하지 않아요. 그래서 이 글자를 제외하면, 더 만들어야 할 모음의 개수는 7개가 아니라, 8개가 되는 것이에요.

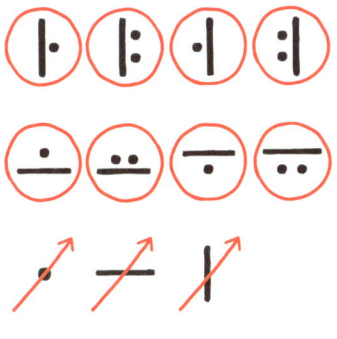

↗ 모음의 기본 글자   ◯ 아직 만들지 않은 글자

아직 만들지 않은 글자 : ㅏ, ㅑ, ㅓ, ㅕ, ㅗ, ㅛ, ㅜ, ㅠ

ㅗ 모양의 글자를 만들었어요

오늘날 우리는 모음의 순서를 ㅏ, ㅑ, ㅓ, ㅕ, ㅗ, ㅛ, ㅜ, ㅠ, ㅡ, ㅣ의 순서로 읽고 써요.

그런데 세종대왕은 이 순서로 모음을 만들지 않았어요.

세종대왕은 천지인을 뜻하는 ·, ㅡ, ㅣ를 하늘과 땅과 사람의 순서로 먼저 만들었잖아요? 그러니 우리가 사용하는 모음 ㅏ, ㅑ, ㅓ, ㅕ, ㅗ, ㅛ, ㅜ, ㅠ, ㅡ, ㅣ 중에서, 세종대왕이 가장 먼저 만든 것은 땅을 뜻하는 ㅡ이고, 다음은 사람을 뜻하는 ㅣ이에요.

그러면 이런 궁금증이 들 거예요.

'세종대왕은 천지인 ·, ㅡ, ㅣ라는 세 글자를 만든 다음에 어떤 글자를 먼저 만들었을까?'

ㅏ를 먼저 만들었을까요, ㅑ를 먼저 만들었을까요? 둘 다 아니에요. 세종대왕은 ㅗ 모양의 글자를 천지인 세 글자 다음으로 만들었어요. 이유는 세종대왕의 머릿속을 들여다보면 알 수 있어요.

하늘과 땅과 사람 중에서

하늘이 먼저이고, 다음이 땅이고, 사람이 마지막이다.
그래서 하늘과 땅과 사람의 순서가 천지인이 되는 것이다.
이러한 순서에 따르면, 하늘이 땅에게
먼저 영향을 주는 것이 순리이다.
영향을 준다는 것은 어우러지는 것이다.
글자가 어우러지려면 합쳐야 한다.
하늘을 뜻하는 글자와 땅을 뜻하는 글자를 합치든지
하늘을 뜻하는 글자와 사람을 뜻하는 글자를 합치든지
땅을 뜻하는 글자와 사람을 뜻하는 글자를 합치든지.

모음의 글자를 서로 합치는 것을 '합침의 원리' 또는 '합성의 원리'라고 해요. 자음을 만들 때에는 획을 더하는 '가획의 원리'를 이용했잖아요? 모음을 만들 때에는 '합침의 원리'를 이용하는 거예요.

세종대왕이 생각해요.

하늘이 으뜸이고 다음이 땅이니
글자의 합침도 하늘과 땅이 먼저 어우러져야 한다.
하늘을 뜻하는 • 와 땅을 뜻하는 ㅡ를
먼저 합쳐야 하는 것이다.

세종대왕은 하늘을 뜻하는 글자와 땅을 뜻하는 글자가 합쳐지는 위치를 곰곰이 생각해요.

하늘을 뜻하는 • 와 땅을 뜻하는 —를 합치는
최선의 위치로 어디가 좋을까?
• 를 —의 옆에 합치는 게 좋을까, 위에 합치는 게 좋을까?
옆이라면 왼쪽이 좋을까, 오른쪽이 좋을까?
위라면 가운데가 좋을까?
가운데서 왼쪽으로 4분의 1 되는 곳이 좋을까?
가운데서 오른쪽으로 4분의 1 되는 곳이 좋을까?
아니면 양끝이 좋을까?

세종대왕은 • 와 —가 어우러지는 갖가지 모양을 상상해 보았을 거예요. 그리고 그 모양을 붓에 먹을 묻혀 한 자 한 자 종이에 또박또박 적어 보았을 거예요. •를 —의 옆에 합친 모양과 —의 위에 합친 모양을요.

어린이 여러분 같으면 이 모양 중에서 어느 것이 가장 마음에 드나요? 세종대왕은 •를 ㅡ의 위쪽 중심에 합친 모양을 골랐어요. 이것의 모양은 ㅗ예요. 이 글자를 우리는 '오'라고 읽어요.

이렇게 해서 ㅗ 모양의 글자를 만들었어요.

세종대왕은 ㅗ를 '하늘과 땅을 합친 글자'라고 했어요. 이를 하늘땅 글자라고도 불러요.

하늘과 땅을 합친 글자(하늘땅 글자) : ㅗ

ㅏ 모양의 글자를 만들었어요

 어린이 여러분, 세종대왕은 ㅗ 다음에 어떤 글자를 만들었을까요? 세종대왕이 ㅏ, ㅑ, ㅓ, ㅕ, ㅗ, ㅛ, ㅜ, ㅠ의 순서대로 글자를 만들지 않았으니 맞추기 쉽지 않을 거예요. 세종대왕은 ㅗ 다음에 ㅏ 모양의 글자를 만들었어요.

 여기에는 세종대왕의 심오한 생각이 담겨 있는데요, 세종대왕의 생각을 따라가다 보면 그 이유를 알 수 있어요.

> ㅗ는 하늘과 땅을 합쳐서 만들었다.
> 하늘과 땅을 합쳤으니, 다음은 하늘과 사람을 합치자.
> 사람을 뜻하는 ㅣ는 곧게 선 모양이다.
> 하늘을 뜻하는 •를 사람을 뜻하는 ㅣ의
> 왼쪽에 합칠 수도 있고, 오른쪽에 합칠 수도 있다.
> 어느 쪽에 합치는 게 좋을까?

 어린이 여러분, 세종대왕은 어느 쪽을 택했을까요? 답은 오른쪽

인데요, 이것은 왼쪽과 오른쪽, 이 두 개 중에서 하나를 단순히 고르는 것과 같은 간단한 문제가 아니에요. 세종대왕의 심오한 생각이 바로 이 속에 담겨 있어요.

세종대왕이 생각을 이어가요.

> 세상에는 양과 음이 있다.
> 이것을 거역하는 것은 이 세상에 존재할 수 없다.
> 양과 음은 세상을 지탱하는 뿌리나 마찬가지이기 때문이다.
> 오른손에 대응하는 왼손이 있고
> 오른발에 대응하는 왼발이 있는 것은
> 그러한 양과 음의 이치 때문이다.

세종대왕이 말한 양과 음의 이치는 과학으로도 이미 입증이 되었어요. 전기에 양극과 음극이 있고, 자석에 N극과 S극이 있는 것이 양과 음의 이치를 증명해 주고 있거든요.

세종대왕이 생각해요.

> 양과 음은 서로 정반대 되는 특성을 지니고 있다.
> 활동적인 것은 양이고, 활동적이지 않은 것은 음이다.
> 밝은 것은 양이고, 어두운 것은 음이다.

맑은 것은 양이고, 탁한 것은 음이다.

뜨거운 것은 양이고, 차가운 것은 음이다.

위쪽은 양이고, 아래쪽은 음이다.

오른쪽은 양이고, 왼쪽은 음이다.

임금은 양이고, 백성은 음이다.

뜻이 큰 사람은 양이고, 뜻이 작은 사람은 음이다.

여기서 보면, 양과 음의 특성 중에 "위쪽은 양이고, 아래쪽은 음이다."라는 말이 있어요. 세종대왕이 하늘과 땅을 합쳐서 만든 글자 ㅗ를 보세요. •의 방향이 위쪽을 향하고 있어요. 세종대왕은 ㅗ를 만들면서 양과 음 중에서, 양을 택한 것이에요.

그러니 세종대왕이 하늘과 사람을 합쳐서 글자를 만들 때, 양을 먼저 택하겠어요, 음을 먼저 택하겠어요?

그래요, 양을 먼저 택할 거예요. 오른쪽과 왼쪽 중에서 양은 오른쪽이에요.

세종대왕의 생각을 계속 따라가 봐요.

양은 오른쪽이다.

따라서 하늘을 뜻하는 •를

사람을 뜻하는 ㅣ의 오른쪽에 먼저 합친다.

세종대왕은 이제, ㅣ의 오른쪽 어디 즈음에 ·를 합칠 것인가를 고민해요.

> ·를 ㅣ의 오른쪽에 합치는 건 결정됐다.
> 오른쪽의 어느 부근에 합치는 게 좋을까?
> 오른쪽의 중심일까,
> 중심에서 위로 4분의 1 벗어나는 곳일까,
> 중심에서 아래로 4분의 1 벗어나는 곳일까,
> 아니면 양끝일까?
> 위아래라면 상단일까, 하단일까?

세종대왕은 ㅣ에 ·를 합치는 여러 가지 모양을 머릿속에서 그려 보았을 거예요. 그러고 나서 그 모양을 붓으로 종이에 한 자 한 자 적어 보았을 거예요. ·를 ㅣ의 오른쪽에 합친 모양과 ㅣ의 위아래에 합친 모양을요.

이 중에서 어느 글자가 가장 마음에 드나요? 세종대왕은 ㅣ의 오른쪽 중심에 •를 합친 모양을 골랐어요. 이것의 모양은 'ㅏ'예요. 이 글자를 우리는 '아'라고 읽어요.

이렇게 해서 ㅏ 모양의 글자를 만들었어요.

세종대왕은 ㅏ를 '사람과 하늘을 합친 글자'라고 했어요. 이를 사람하늘 글자라고도 불러요.

사람과 하늘을 합친 글자(사람하늘 글자) : ㅏ

ㅏ는 양의 기운을 담고 있는 글자예요. 그리고 앞에서 만든 ㅗ도 양의 기운을 담고 있는 글자예요.

양의 기운을 담고 있는 글자 : ㅗ 와 ㅏ

ㅜ 모양의 글자를 만들었어요

글자 ㅗ와 ㅏ가 완성됐어요. 세종대왕은 다음번 만들 글자로 어떤 것을 택했을까요?

세종대왕의 머릿속으로 들어가 봐요.

양과 음은 홀로 존재하지 않는다.
양이 있으면 음이 있고
음이 있으면 반드시 양이 있어야 한다.
양과 음은 함께 조화를 이루어서 존재하는 것이다.
이것이 자연의 이치이다.
하늘과 땅을 합친 글자, 사람과 하늘을 합친 글자는
모두 양을 선택해서 만든 글자다.
양과 음이 홀로 존재하지 않는다는 자연의 이치를 따르려면
음을 선택해서 만든 글자도 당연히 있어야 한다.
이것이 자연의 순리를 따르는 것이다.
하늘을 뜻하는 • 와 땅을 뜻하는 ㅡ,

그리고 사람을 뜻하는 ㅣ를 합쳐서
음의 글자를 만드는 방법으로는 두 가지가 있다.
하나는 • 가 ㅡ와 만나는 것이고,
또 하나는 • 가 ㅣ와 만나는 것이다.

세종대왕은 이 중에서 • 가 ㅡ와 만나는 것을 먼저 선택했어요. 그 까닭을 세종대왕의 생각에서 알아보아요.

하늘이 으뜸이고, 다음이 땅이니, 이 순리대로 해서
하늘을 뜻하는 • 와 땅을 뜻하는 ㅡ를 합치는 것이 우선이다.
하늘과 땅을 합쳤을 때
하늘이 땅 위로 오른 모양이 양이었다.
그러니 음을 나타내는 글자는
하늘이 땅 아래에서 합쳐지는 모양이어야 할 것이다.

세종대왕은 하늘을 뜻하는 • 를 땅을 뜻하는 ㅡ의 어디에 합쳐야 알맞을지 곰곰이 따지고 있어요.

하늘을 뜻하는 • 를 땅을 뜻하는 ㅡ의 밑으로 내려 합친다.
ㅡ의 어느 쪽에 • 를 합치는 게 좋을까?

옆일까, 아래일까?

옆이라면 왼쪽일까, 오른쪽일까?

아래라면 가운데일까,

가운데에서 왼쪽으로 4분의 1 되는 곳일까,

가운데에서 오른쪽으로 4분의 1 되는 곳일까,

아니면 양끝일까?

세종대왕은 ㅡ와 •를 합칠 수 있는 다양한 가짓수들을 일일이 다 머릿속에서 그려 보았을 거예요. 그리고 그 모양 하나하나를 붓으로 종이에 써 보았을 거예요. •를 ㅡ의 옆에 합친 모양과 ㅡ의 아래에 합친 모양을요.

이 모양 중에서 어느 글자를 선택하고 싶은가요? 세종대왕은 땅을 뜻하는 ㅡ의 아래쪽 가운데에 하늘을 뜻하는 •를 합친 모양을 선택했어요. 이것의 모양은 ㅜ예요. 이 글자를 우리는 '우'라고 읽어요.

　이렇게 해서 ㅜ 모양의 글자를 만들었어요.

　세종대왕은 ㅜ를 '땅과 하늘을 합친 글자'라고 했어요. 이를 땅하늘 글자라고도 불러요.

　땅과 하늘을 합친 글자(땅하늘 글자) : ㅜ

　땅과 하늘을 합친 ㅜ는 음의 기운을 담고 있는 글자예요.

　음의 기운을 담고 있는 글자 : ㅜ

ㅓ 모양의 글자를 만들었어요

음의 기운을 담고 있는 두 글자 중에서, 하늘과 땅을 합친 ㅜ를 먼저 만들었어요. 이제 하늘과 사람을 합친 글자를 만들 차례예요. 세종대왕이 생각해요.

하늘을 뜻하는 •와 사람을 뜻하는 ㅣ를 합치는 데
음의 기운이 담기도록 해야 한다.
음은 왼쪽이다.

따라서 •를 l의 왼쪽에 합쳐야 한다.

세종대왕은 •를 l의 왼쪽 어느 곳에 합칠 것인지를 생각하고 있어요.

•를 l의 왼쪽 어느 위치에 합치는 게 가장 안성맞춤일까?
옆일까, 위아래일까?
옆이라면 중심이 안성맞춤일까?
중심에서 왼쪽으로 4분의 1 빗겨난 곳이 안성맞춤일까?
중심에서 오른쪽으로 4분의 1 빗겨난 곳이 안성맞춤일까?
아니면 양끝이 안성맞춤일까?
위아래라면 상단이 안성맞춤일까, 하단이 안성맞춤일까?

세종대왕은 •를 ㅣ와 합치는 다양한 모양을 상상해 보았을 거예요. 그런 다음에 그 모양을 붓으로 먹을 찍어서 종이에 한 글자 한 글자 정성스럽게 적어 보았을 거예요. •를 ㅣ의 옆에 합친 모양과 ㅣ의 위아래에 합친 모양을요.

이 중에서 어느 글자가 가장 마음에 드나요? 세종대왕은 하늘을 뜻하는 •를 사람을 뜻하는 ㅣ의 왼쪽 중심에 합친 모양을 골랐어요. 이것의 모양은 ㅓ예요. 이 글자를 우리는 '어'라고 읽어요.

이렇게 해서 ㅓ 모양의 글자를 만들었어요.

세종대왕은 ㅓ를 '하늘과 사람을 합친 글자'라고 했어요. 이를 하늘사람 글자라고도 불러요.

하늘과 사람을 합친 글자(하늘사람 글자) : ㅓ

하늘과 사람을 합친 글자는 음의 기운을 담고 있는 글자예요.

음의 기운을 담고 있는 글자 : ㅓ

ㅗ, ㅏ, ㅜ, ㅓ를 만들었어요

세종대왕이 천지인의 세 글자를 사용해서 ㅗ, ㅏ, ㅜ, ㅓ라는 네 글자를 만들었어요.

하늘과 땅을 합친 글자(하늘땅 글자) : ㅗ
사람과 하늘을 합친 글자(사람하늘 글자) : ㅏ
땅과 하늘을 합친 글자(땅하늘 글자) : ㅜ
하늘과 사람을 합친 글자(하늘사람 글자) : ㅓ

양의 기운을 담은 글자 : ㅗ와 ㅏ
음의 기운을 담은 글자 : ㅜ와 ㅓ

세종대왕은 ㅗ, ㅏ, ㅜ, ㅓ라는 네 글자를 초출자라고 불렀어요.

초출자 : ㅗ, ㅏ, ㅜ, ㅓ

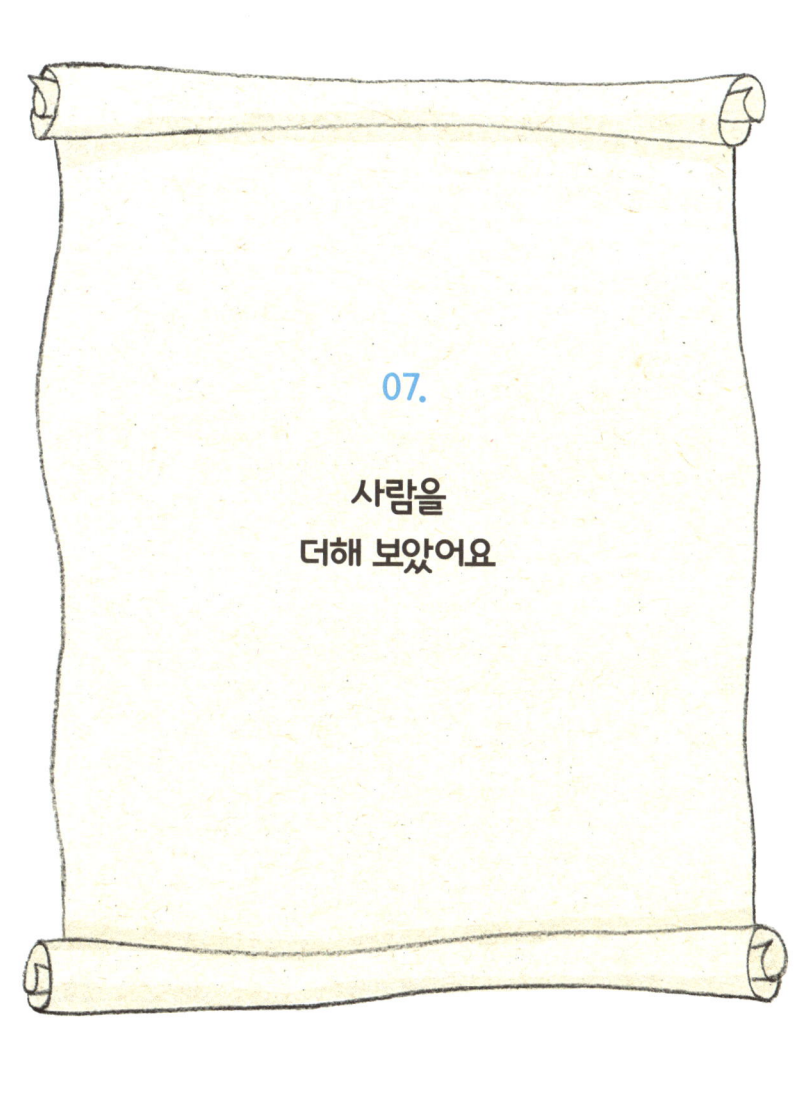

ㅑ, ㅕ, ㅛ, ㅠ를 만들어야 해요

이제 모음을 만드는 막바지 단계에 접어들고 있어요. 세종대왕이 지금까지 몇 개의 모음을 만들었고, 앞으로 몇 개의 모음을 더 만들어야 하는지 계산해 볼게요.

세종대왕은 천지인 세 글자 •, ㅡ, ㅣ에다가 합침의 원리를 이용해서 ㅏ, ㅓ, ㅗ, ㅜ라는 네 글자를 만들었어요. 그리고 이 네 글자를 '초출자'라고 불렀어요.

천지인의 세 글자 : •, ㅡ, ㅣ
초출자의 네 글자 : ㅏ, ㅓ, ㅗ, ㅜ

세종대왕이 여기까지 만든 모음은 천지인 세 글자와 초출자 네 글자를 합해서 모두 일곱 글자예요.
현재 우리가 사용하는 모음은 열 글자예요.

우리가 사용하는 모음 : ㅏ, ㅑ, ㅓ, ㅕ, ㅗ, ㅛ, ㅜ, ㅠ, ㅡ, ㅣ

이 10개의 모음 중에서 천지인 세 글자와 초출자의 네 글자를 빼면, 네 글자가 남아요. 열에서 일곱을 빼면 셋이 돼야 하지만, 넷이 된 것은 천지인 글자 중에서 현재 사용하지 않는, 하늘을 뜻하는 •를 제외했기 때문이에요.

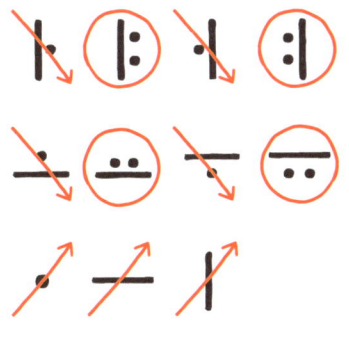

아직 만들지 않은 모음 : ㅑ, ㅕ, ㅛ, ㅠ

세종대왕은 ㅑ, ㅕ, ㅛ, ㅠ를 재출자라고 불렀어요. 재출자를 창제하면 이제 모음은 완성돼요.

자, 모음을 만드는 마지막 여행을 떠나 볼게요.

사람을 겸해서 만든 글자

세종대왕은 재출자인 ㅑ, ㅕ, ㅛ, ㅠ 중에서 어느 글자를 먼저 만들었을까요? 세종대왕이 합침의 법칙으로 만든 네 글자와 아직 만들지 못한 네 글자를 비교해 봐요.

합침의 법칙으로 만든 글자 : ㅏ, ㅓ, ㅗ, ㅜ
아직 만들지 않은 글자 : ㅑ, ㅕ, ㅛ, ㅠ

이 글자들을 비교해 보면, 합침으로 만든 네 글자와 아직 만들지 않은 네 글자가 매우 비슷해요. 합침의 법칙으로 만든 네 글자에 하늘을 뜻하는 •를 하나씩 합치면, 아직 만들지 않은 네 글자가 되니까요.

그래서 자신에 찬 목소리로 이렇게 말하고 싶기도 할 거예요.
"이거 너무 쉬워서 금방 만들 수 있겠는걸."
그래요, 모양으로만 보면 ㅏ, ㅓ, ㅗ, ㅜ라는 네 글자에 •를 하나씩 합치면 ㅑ, ㅕ, ㅛ, ㅠ라는 네 글자가 만들어지긴 해요.

그러나 세종대왕은 달랐어요. "ㅏ, ㅓ, ㅗ, ㅜ에 하늘을 뜻하는 •를 하나씩 더해서 ㅑ, ㅕ, ㅛ, ㅠ라는 네 글자를 만들었다."라고 이렇게 단순하게 설명하지 않았어요.

세종대왕은 이렇게 말했어요.

"ㅑ, ㅕ, ㅛ, ㅠ, 이들 네 글자는 사람을 겸해서 만든 글자이다."

즉 ㅑ, ㅕ, ㅛ, ㅠ라는 네 글자를 만드는 데, 사람의 작용이 긴밀히 들어갔다는 얘기예요.

사람을 겸한다, 즉 사람의 작용이 들어갔다는 말을 곱씹어 보면서 다음으로 가 볼게요.

ㅛ 모양의 글자를 만들었어요

세종대왕은 재출자인 ㅑ, ㅕ, ㅛ, ㅠ 중에서 어느 것을 먼저 만들었을까요? 세종대왕은 이번에도 ㅑ, ㅕ, ㅛ, ㅠ의 순서로 만들지 않았어요. 어떤 순서일지 세종대왕의 머릿속으로 들어가 봐요.

> 소리는 발성기관에서 만들어져서 나온다.
> 발성기관에서 나오는 소리는 사람과 관련이 깊다.
> 그래서 사람의 발성기관의 모양을 본떠서
> ㄱ, ㄴ, ㄷ, ㄹ, ㅁ, ㅂ, ㅅ, ㅇ, ㅈ, ㅊ, ㅋ, ㅌ, ㅍ, ㅎ을
> 만들지 않았던가.
> 새로이 만든 ㅏ, ㅓ, ㅗ, ㅜ, ㅡ, ㅣ라는 글자도
> 사람의 발성기관에서 만들어져서 나오는 소리이다.
> 따라서 만들려고 하는 네 글자(재출자)를
> 다시 한 번 사람과 연관시키는 건 자연스러울 것이다.

세종대왕은 천지인 세 글자와 초출자 네 글자를 어떻게 사람과

다시 한 번 연관시킬지 고민해요. 세종대왕이 생각을 이어가요.

> 발성기관의 모양을 본떠서 글자를 만드는 방법은 이미 사용했다.
> 다른 방법을 찾아야 한다.
> 그러나 발성기관을 벗어나진 말자.
> 어떤 좋은 방법이 있을까?
> 소리는 발성기관에서 나온다.
> 그런 소리를 합치는 건 어떨까?
> 그래. 사람을 뜻하는 글자인 ㅣ를 이용해서 소리를 합치는 거야!

사람을 뜻하는 글자인 ㅣ를 이용해서 소리를 합친다, 이게 무슨 뜻일까요?

세종대왕의 생각을 계속 따라가 보아요.

> 사람을 뜻하는 글자인 ㅣ를 발음해 보자.
> ㅣ———.
> 혀가 움츠러들지 않는다.
> ㅗ를 발음해 보자.
> ㅗ———.

입이 오므라진다.
ㅣ를 발음하고, ㅗ를 이어서 발음해 보자.
ㅣ——— ㅗ———.
이 두 소리가 합쳐지면 어떤 소리로 들릴까?

ㅣ를 발음하면 '이' 소리가 나고, ㅗ를 발음하면 '오' 소리가 나요. 따라서 '이'를 발음하고 이어서 '오'를 발음하면 '요' 소리가 발음되죠.

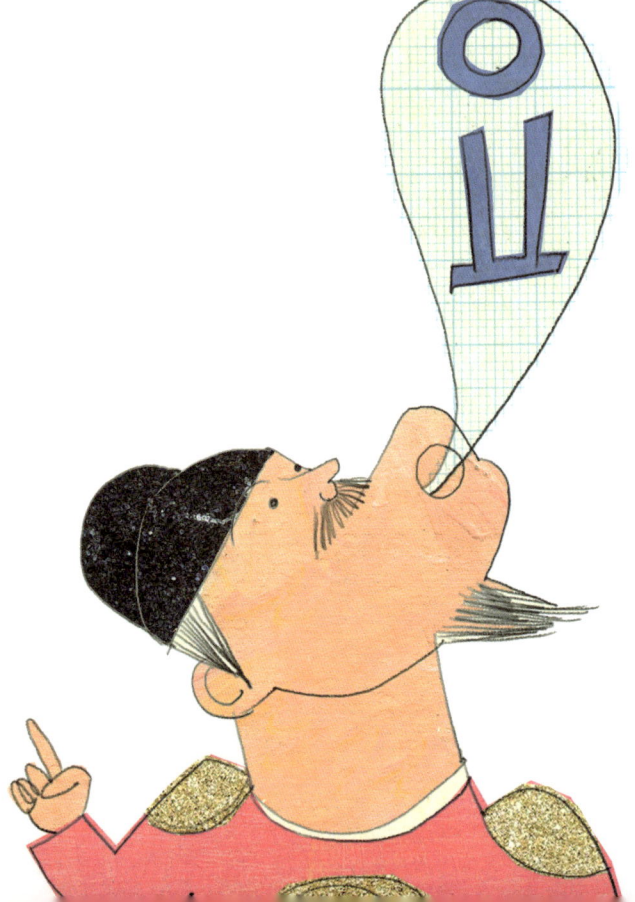

세종대왕이 말한 "사람을 겸한다, 즉 사람의 작용이 들어갔다."라는 말은 바로 사람을 뜻하는 ㅣ가 발음에 들어간다는 뜻이에요.

세종대왕이 재출자의 첫 번째 글자를 만드는데 ㅗ를 선택한 것은, ㅗ가 초출자 중에서 가장 먼저 만든 글자이기 때문이에요.

세종대왕이 계속 생각해요.

그렇구나! '요' 소리가 나는구나!
'요' 소리를 나타내기에 가장 적당한 글자는 무엇일까?

세종대왕은 ㅛ 소리를 표현하기 위해서, 모음의 우두머리 글자인 하늘을 뜻하는 •를 ㅗ와 합치는 게 옳다고 생각했어요.

세종대왕이 생각을 이어가요.

ㅗ의 어느 쪽에 •를 합치는 것이 가장 좋을까?
ㅗ의 옆쪽에 합칠까?
옆쪽이라면 왼쪽이 좋을까, 오른쪽이 좋을까?
ㅗ의 위쪽에 합칠까, ㅗ의 아래쪽에 합칠까?
위와 아래쪽이라면 중심이 좋을까?
중심에서 왼쪽으로 4분의 1 되는 곳이 좋을까?
중심에서 오른쪽으로 4분의 1 되는 곳이 좋을까?

아니면 양끝이 좋을까?

세종대왕은 • 와 ㅗ가 어우러지는 온갖 모양을 다 머릿속으로 그려 보았을 거예요. 그리고 나서 그 모양을 붓으로 종이에 한 자 한 자 적어 보았을 거예요. •를 ㅗ의 옆에 합친 모양, ㅗ의 위에 합친 모양, ㅗ의 아래에 합친 모양을요.

• 를 ㅗ의 옆에 합치는 모양

• 를 ㅗ의 위에 합치는 모양

• 를 ㅗ의 아래에 합치는 모양

어린이 여러분 같으면 이 중에서 어느 글자를 택하고 싶은가요? 세종대왕은 •를 ㅗ의 위쪽에 합친 모양에서 골랐어요. 이 글자의 모양은 ㅛ예요. 세종대왕이 이 글자를 선택한 결정적인 이유는 ㅗ와의 어울림 때문이에요.

ㅗ는 양의 기운을 띤 글자예요. 그러니 •와 ㅗ가 어우러져서 만들어질 글자도 양의 기운을 띠는 것이 안성맞춤일 거예요. 위쪽과 아래쪽 중에서 양은 위쪽이라고 했어요. 따라서 •를 ㅗ의 위쪽에 합친 모양 중에서 고른 것이에요.

이렇게 해서 세종대왕은 재출자의 첫 번째 글자인 ㅛ를 만들었어요.

재출자의 첫 번째 글자 : ㅛ
양의 기운을 띤 글자 : ㅛ

ㅑ 모양의 글자를 만들었어요

세종대왕은 재출자의 두 번째 글자로 무엇을 선택했을까요? 세종대왕이 생각해요.

ㅛ는 ㅗ로부터 만들었다.
이는 양의 기운을 담은 글자이다.
따라서 다음으로 만들 글자도
양의 기운을 띠는 것이 좋을 것이다.
ㅗ 말고 양의 기운을 띤 글자로 ㅏ가 있다.
재출자의 두 번째 글자는 ㅏ로부터 만들어지는 글자로 정하자.

세종대왕은 네 개의 재출자 모두에 사람의 작용을 연관시키기로 했잖아요? 그래서 이번에도 ㅣ와 ㅏ의 발음을 연관 지어요. 세종대왕이 생각을 계속해요.

사람을 뜻하는 글자인 ㅣ를 발음해 보자.

ㅣ——.
혀가 움츠러들지 않는다.
ㅏ를 발음해 보자.
ㅏ——.
입이 퍼진다.
ㅣ를 발음하고, ㅏ를 이어서 발음해 보자.
ㅣ—— ㅏ——.
이 두 소리가 합쳐지면 어떤 소리가 나올까?

ㅣ를 발음하면 '이' 소리가 나고, ㅏ를 발음하면 '아' 소리가 나요. 따라서 '이'를 발음하고 이어서 '아'를 발음하면 '야' 소리가 나오죠.
세종대왕이 생각을 이어가요.

그렇구나! '야' 소리가 나오는구나!
'야' 소리를 표현하기에 가장 적당한 글자는 무엇일까?

세종대왕은 'ㅑ' 소리를 나타내기 위해서, 모음의 으뜸 소리인, 하늘을 뜻하는 •를 ㅏ와 합치는 게 어울린다고 생각했어요.
세종대왕이 생각을 계속 이어가요.

ㅏ의 어느 쪽에 •를 합치는 것이 가장 좋을까?

ㅏ의 왼쪽이 좋을까, 오른쪽이 좋을까?

왼쪽과 오른쪽이라면 중심이 좋을까?

중심에서 왼쪽으로 4분의 1 벗어나는 곳이 좋을까?

중심에서 오른쪽으로 4분의 1 벗어나는 곳이 좋을까?

양끝이 좋을까?

아니면 ㅏ의 위아래에 합치는 게 좋을까?

세종대왕은 •와 ㅏ가 어우러지는 여러 가지 모양을 머릿속으로 거의 다 그려 보았을 거예요. 그리고 그 모양을 붓으로 종이에 한 글자 한 글자 또박또박 적어 보았을 거예요. •를 ㅏ의 왼쪽에 합

• 를 ㅏ의 왼쪽에 합치는 모양

• 를 ㅏ의 오른쪽에 합치는 모양

• 를 ㅏ의 위아래에 합치는 모양

친 모양, ㅏ의 오른쪽에 합친 모양, ㅏ의 위아래에 합친 모양을요.

　어린이 여러분은 어느 모양을 고르고 싶은가요? 세종대왕은 ·를 ㅏ의 오른쪽에 합친 모양 가운데에서 골랐어요. 이 모양은 ㅑ예요. 세종대왕이 이 글자를 선택한 결정적인 이유는 ㅏ와의 어울림 때문이에요.

　ㅏ는 ㅗ처럼, 양의 기운을 띤 글자예요. 그러니 ·와 ㅏ가 어우러져서 만들어질 글자도 양의 기운을 띠는 것이 안성맞춤일 거예요.

왼쪽과 오른쪽 중에서 양은 오른쪽이라고 했으니, •를 ㅏ의 오른쪽에 합친 모양 중에서 고른 것이에요.

이렇게 해서 세종대왕이 재출자의 두 번째 글자인 ㅑ를 만들었어요.

　재출자의 두 번째 글자 : ㅑ
　양의 기운을 띤 글자 : ㅑ

ㅠ 모양의 글자를 만들었어요

이제 재출자의 세 번째 글자를 만들 차례예요.
세종대왕이 생각해요.

ㅛ는 ㅗ로부터 만들었다.
ㅑ는 ㅏ로부터 만들었다.
ㅗ와 ㅏ는 초출자이다.
초출자는 ㅗ, ㅏ, ㅜ, ㅓ 이들 네 개이니,
재출자를 만드는 데 사용하지 않은 초출자는 ㅜ와 ㅓ이다.
이 글자를 이용해서 남은 두 개의 재출자를 만들어 보자.

세종대왕은 ㅜ와 ㅓ 중에서 어느 글자를 먼저 택할 것인지를 놓고 고민 중이에요. 세종대왕이 계속 생각해요.

ㅜ와 ㅓ 중에서 먼저 만든 초출자는 ㅜ이다.
음의 기운을 띤 재출자를 만들 때에도 이 순서대로 진행하자.

그래요, 세종대왕은 음의 기운을 띤 재출자를 만드는 경우에도, 초출자를 만든 순서대로 하기로 결정했어요.

세종대왕이 생각을 이어가요.

사람을 뜻하는 글자인 ㅣ를 발음해 보자.

ㅣ———.

혀가 움츠러들지 않는다.

ㅜ를 발음해 보자.

ㅜ———.

입이 오므라진다.

ㅣ를 발음하고, ㅜ를 이어서 발음해 보자.

ㅣ——— ㅜ———.

이 두 소리가 합쳐지면 어떤 소리가 날까?

ㅣ를 발음하면 '이' 소리가 나고, ㅜ를 발음하면 '우' 소리가 나요. 따라서 '이'를 발음하고 이어서 '우'를 발음하면 '유' 소리가 발음돼요.

세종대왕이 계속 생각을 이어가요.

그렇구나! '유' 소리가 나는구나!

'유' 소리를 표현하기에 가장 적당한 글자는 무엇일까?

세종대왕은 'ㅠ' 소리를 표현하기 위해서, 모음의 우두머리 글자인 하늘을 뜻하는 •를 ㅜ와 합치는 게 알맞다고 생각했어요.

세종대왕이 생각을 또 해요.

ㅜ의 어느 쪽에 •를 합치는 것이 가장 알맞을까?

ㅜ의 옆에 합칠까?

옆이라면 왼쪽이 알맞을까, 오른쪽이 알맞을까?

ㅜ의 위에 합칠까, ㅜ의 아래에 합칠까?

위와 아래라면 중심이 알맞을까?

중심에서 왼쪽으로 4분의 1 빗겨난 곳이 알맞을까?

중심에서 오른쪽으로 4분의 1 빗겨난 곳이 알맞을까?

아니면 양끝이 알맞을까?

세종대왕은 •와 ㅜ가 어우러지는 갖가지 모양을 거의 전부 머릿속으로 상상해 보았을 거예요. 그리고 나서 그 모양을 붓으로 종이에 한 글자 한 글자 정성스럽게 적어 보았을 거예요. •를 ㅜ의 옆에 합친 모양, ㅜ의 위에 합친 모양, ㅜ의 아래에 합친 모양을요.

• 를 ㅜ의 옆에 합치는 모양

• 를 ㅜ의 위에 합치는 모양

• 를 ㅜ의 아래에 합치는 모양

어느 글자를 선택하고 싶은가요? 세종대왕은 마음에 드는 글자로 •를 ㅜ의 아래쪽에 합친 모양 중에서 선택했어요. 이 모양은 ㅠ예요. 세종대왕이 이 글자를 선택한 결정적인 이유는 ㅜ와의 어울림 때문이에요.

ㅜ는 음의 기운을 띤 글자예요. 그러니 •와 ㅜ가 어우러져서 만들어질 글자도 음의 기운을 띠는 것이 알맞을 거예요. 위쪽과 아래쪽 중에서 음은 아래쪽이라고 했어요. 그러니 •를 ㅜ의 아래쪽에 합친 모양 중에서 고른 것이에요.

이렇게 해서 세종대왕이 재출자의 세 번째 글자인 ㅠ를 만들었어요.

재출자의 세 번째 글자 : ㅠ

음의 기운을 띤 글자 : ㅠ

ㅕ 모양의 글자를 만들었어요

이제 재출자에서 마지막 글자만이 남았어요.
세종대왕이 생각해요.

초출자 중에서 아직 사용하지 않고 남아 있는 글자는 ㅓ이다.
이것을 재출자의 마지막 글자를 만드는 데 이용하자.
사람을 뜻하는 글자인 ㅣ를 발음해 보자.
ㅣ———.
혀가 움츠러들지 않는다.
ㅓ를 발음해 보자.
ㅓ———.
입이 퍼진다.
ㅣ를 발음하고, ㅓ를 이어서 발음해 보자.
ㅣ——— ㅓ———.
이 두 소리가 합쳐지면 어떤 소리가 생길까?

ㅣ를 발음하면 '이' 소리가 나고, ㅓ를 발음하면 '어' 소리가 나요. 따라서 '이'를 발음하고 이어서 '어'를 발음하면 '여' 소리가 나와요.
　세종대왕이 생각을 이어가요.

　　그렇구나! '여' 소리가 나오는구나!
　　'여' 소리를 나타내기에 가장 적당한 글자는 무엇일까?

세종대왕은 'ㅕ' 소리를 나타내기 위해서, 모음의 으뜸 글자인, 하늘을 뜻하는 ㆍ를 ㅓ와 합치는 게 어울린다고 생각했어요.
　세종대왕이 생각을 계속해요.

　　ㅓ의 어느 쪽에 ㆍ를 합치는 것이 가장 어울릴까?
　　ㅓ의 왼쪽이 어울릴까, 오른쪽이 어울릴까?
　　왼쪽과 오른쪽이라면 중심이 어울릴까?
　　중심에서 왼쪽으로 4분의 1 떨어진 곳이 어울릴까?
　　중심에서 오른쪽으로 4분의 1 떨어진 곳이 어울릴까?
　　양끝이 어울릴까?
　　아니면 ㅓ의 위아래에 합치는 게 어울릴까?

세종대왕은 ㆍ와 ㅓ가 어우러지는 다양한 모양을 거의 다 머릿속으로 그려 보았을 거예요. 그러고 나서 그 모양을 붓에 먹을 찍어 종이에 한 글자 한 글자 또박또박 적어 보았을 거예요. •를 ㅓ의 왼쪽에 합친 모양, ㅓ의 오른쪽에 합친 모양, ㅓ의 위아래에 합친 모양을요.

• 를 ㅓ의 왼쪽에 합치는 모양

ㅓ ㅓ ㅓ ㅓ ㅓ ㅓ ㅓ

• 를 ㅓ의 오른쪽에 합치는 모양

ㅓ ㅓ ㅓ ㅓ ㅓ ㅓ ㅓ

• 를 ㅓ의 위아래에 합치는 모양

ㅓ ㅓ

어느 글자를 고르고 싶은가요? 세종대왕은 •를 ㅓ의 왼쪽에 합친 모양 중에서 골랐어요. 이 모양은 ㅕ예요. 세종대왕이 이 글자를 고른 결정적인 이유는 ㅓ와의 어울림 때문이에요.

ㅓ는 음의 기운을 띤 글자예요. 그러니 •와 ㅓ가 어우러져서 만들어질 글자도 음의 기운을 띠는 것이 알맞을 거예요. 왼쪽과 오른쪽 중에서 음은 왼쪽이라고 했어요. 따라서 •를 ㅓ의 왼쪽에 합친

모양에서 고른 것이에요.

　이렇게 해서 세종대왕이 재출자의 네 번째 글자인 ㅕ를 만들었어요.

　　재출자의 네 번째 글자 : ㅕ
　　음의 기운을 띤 글자 : ㅕ

세종대왕이 모음을 완성했어요

세종대왕이 모음을 완성했어요. 이를 정리해 보면 다음과 같아요.

1. 하늘과 땅과 사람을 본떠서 천지인(天地人) 세 글자를 만들었어요.

    천지인 : ㆍ, ㅡ, ㅣ

2. 천지인 세 글자와 합침의 원리를 이용해서 초출자 네 개를 만들었어요.

    초출자 : ㅗ, ㅏ, ㅜ, ㅓ

    초출자는 하늘이 관여해서 처음으로 나온 글자라는 뜻이에요.

3. 초출자는 양의 기운을 띤 글자와, 음의 기운을 띤 글자로 둘씩 나뉘어져요.

　　양의 기운을 띤 초출자 : ㅗ, ㅏ
　　음의 기운을 띤 초출자 : ㅜ, ㅓ

4. 초출자와 사람을 뜻하는 ㅣ의 발음을 합쳐서 재출자 네 글자를 만들었어요.

　　재출자 : ㅛ, ㅑ, ㅠ, ㅕ

재출자는 하늘이 관여한 글자에 사람이 다시 관여해서 나온 글자라는 뜻이에요.

5. 재출자는 양의 기운을 띤 글자와, 음의 기운을 띤 글자로 둘씩 나뉘어져요.

　　양의 기운을 띤 재출자 : ㅛ, ㅑ
　　음의 기운을 띤 재출자 : ㅠ, ㅕ

6. 세종대왕이 만든 모음은 11자예요.

   세종대왕이 만든 모음 : ㆍ, ㅡ, ㅣ, ㅗ, ㅏ, ㅜ, ㅓ, ㅛ, ㅑ, ㅠ, ㅕ

7. 세종대왕이 만든 모음 중에서, 하늘을 뜻하는 ㆍ는 현재 사용하지 않아요. 그래서 오늘날에는 10개의 모음을 사용해요.

   오늘날 사용하는 모음 : ㅡ, ㅣ, ㅗ, ㅏ, ㅜ, ㅓ, ㅛ, ㅑ, ㅠ, ㅕ

8. 10개의 모음을 우리는 다음과 같은 순서로 읽고 써요.

   현재 모음을 읽고 쓰는 순서 : ㅏ, ㅑ, ㅓ, ㅕ, ㅗ, ㅛ, ㅜ, ㅠ, ㅡ, ㅣ

그림으로 보는 훈민정음 ②

조선왕조실록을 보면 훈민정음이 언제 만들어졌는지 알 수 있어요.
훈민정음은 세종실록 102권 세종 25년(1443년) 기록에 처음 등장해요.
훈민정음을 창제했다는 소식을 접할 수 있어요.

"이달에 임금이 친히 언문 28자를 지었는데, 그 글자가 옛 전자(篆字)*를 모방하고, 초성·중성·종성으로 나누어 합한 연후에야 글자를 이루었다. 무릇 문자에 관한 것과 이어(俚語)*에 관한 것을 모두 쓸 수 있고, 글자는 비록 간단하고 요약하지마는 전환하는 것이 무궁하니, 이것을 훈민정음(訓民正音)이라고 일렀다."

* 전자(篆字) : 한자 서체의 하나
* 이어(俚語) : 항간에 떠돌며 쓰이는 속된 말.

세종실록 113권 세종 28년(1446년) 기록에는 훈민정음을 완성했다는 소식을 전해요. 세종대왕이 직접 쓴 글인 어제(御製)를 실어 놓았는데, 백성의 어려움을 헤아리는 세종대왕의 마음이 잘 담겨 있어요. 어떤 내용일지 한번 볼까요?

"나랏말이 중국과 달라 한자와 서로 통하지 아니하므로, 우매한 백성들이 말하고 싶은 것이 있어도 마침내 제 뜻을 잘 표현하지 못하는 사람이 많다. 내 이를 딱하게 여기어 새로 28자를 만들었으니, 사람들로 하여금 쉬 익히어 날마다 쓰는 데 편하게 할 뿐이다."

세종대왕은 훈민정음을 만들고 반포할 때 집현전 학자들의 도움을 받았어요. 훈민정음을 만들 때 참여한 집현전 학자는 정인지, 최항, 박팽년, 신숙주, 성삼문, 강희안, 이개, 이선로예요. 훈민정음에 실린 정인지의 서문도 한번 볼까요? 이 글만 봐도 훈민정음이 얼마나 뛰어난 글자인지 알 수 있어요.

"지혜로운 사람은 아침나절이 되기 전에 이를 이해하고, 어리석은 사람도 열흘 만에 배울 수 있게 된다. (…) 바람 소리와 학의 울음, 닭 울음소리나 개 짖는 소리까지도 모두 표현해 쓸 수 있게 되었다."

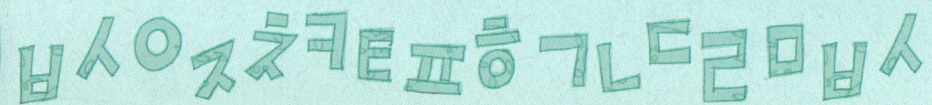

참고 문헌

『28자로 이룬 문자 혁명』, 김슬옹 지음, 아이세움, 2007.
『그림으로 풀어 쓴 역경』, 주싱 풀어 씀, 고광민 옮김, 김영사, 2010.
『누구나 알아야 할 한글 이야기 3+5』, 김슬옹, 남영신 지음, 문화체육관광부, 2014.
『누구나 알아야 할 한글 이야기 10+9』, 국어단체연합 국어문화원 지음, 문화체육관광부, 2013.
『누구나 알아야 할 훈민정음 한글 이야기』, 김슬옹 지음, 글누림, 2015.
『번역하고 풀이한 훈민정음』(개정판), 조규태 지음, 한국문화사, 2010.
『사람이 하늘과 땅을 품는다』, 김승권 지음, 한울벗, 2015.
『세종대왕과 훈민정음학』(개정판), 김슬옹 지음, 지식산업사, 2013.
『세종이 발명한 최고의 알파벳 한글』, 김병욱 지음, 루덴스, 2013.
『우리말의 수수께끼』, 박영준, 시정곤, 정주리, 최경봉 지음, 김영사, 2014.
『우리 역사 과학 기행』, 문중양 지음, 동아시아, 2012.
『역경』(살림지식총서485), 이태롱 지음, 살림, 2014.
『주역』, 정이천 주해, 심의용 옮김, 글항아리, 2015.
『주역의 과학과 도』, 이성환, 김기연 공저, 정신세계사, 2014.
『한국 과학사 이야기 3』, 신동원 지음, 책과함께어린이, 2013.
『한국의 고전을 읽는다 5』, 김석근 외 지음, 휴머니스트, 2006.
『한권으로 읽는 세종대왕실록』, 박영규 지음, 웅진지식하우스, 2014.
『한글에 대해 알아야 할 모든 것』, 최경봉, 서정곤, 박영준 지음, 책과함께, 2014.
『한글의 발명』, 정광 지음, 김영사, 2016.
『한글의 탄생』, 노마 히데키 지음, 김진아, 김기연, 박수진 옮김, 돌베개, 2015.

『훈민정음(사진과 기록으로 읽는 한글의 역사)』, 김주원 지음, 민음사, 2015.

『훈민정음 연구』(수정 증보), 강신항 지음, 성균관대학교 출판부, 2014.

『훈민정음의 이해』, 나찬연 지음, 월인, 2013.

『훈민정음 창제와 연구사』, 강신항 지음, 경진, 2011.

『훈민정음통사』, 방종현 지음, 이상규 주해, 사단법인 올재, 2015.

『훈민정음 해례본』, 이기범 지음, 그린북, 2015.

생각실험실 시리즈 ①
세종대왕의 생각실험실 : 훈민정음
© 송은영 오승만 2016

1판 1쇄　2016년 10월 20일
1판 6쇄　2025년 1월 2일

지은이　송은영
그린이　오승만
펴낸이　김정순
편　집　허영수
디자인　김수진
마케팅　이보민 양혜림 손아영

펴낸곳　(주)북하우스 퍼블리셔스
출판등록　1997년 9월 23일 제406-2003-055호
주소　04043 서울시 마포구 양화로 12길 16-9(서교동 북앤빌딩)
전자우편　henamu@hotmail.com
홈페이지　www.bookhouse.co.kr
전화번호　02-3144-3123
팩스　02-3144-3121

ISBN 978-89-5605-769-9　74900
　　　978-89-5605-746-0　(세트)

해나무는 (주)북하우스 퍼블리셔스의 과학·인문 브랜드입니다.

┌ 어린이제품 안전특별법에 의한 기타표시사항 ─
제품명 도서 | **제조자명** (주)북하우스 퍼블리셔스 | **전화번호** 02-3144-3123
주소 04043 서울시 마포구 양화로 12길 16-9(서교동 북앤드빌딩) | **제조년월** 2025년 1월 2일 | **사용 연령** 11세 이상